紹興大典

史部

萬曆紹興府志

4

中華書局

金庭觀圖
金庭觀
墨沼

羲之墓
鵝池

紹興府志卷之二十二

祠祀志四

觀　宮　道院　殿

觀

府城内佑聖觀在卧龍山東麓前瞰簞醪河岸側有則水牌嘉靖二十年知府張明道改爲大節祠後又改爲徵愛祠然土人猶稱其地爲佑聖觀前隷山陰

長春觀在府東南三里陳武帝捨宅建初名思真宋太平興國九年州乞改額乾明以聖節祝至尊壽從之天聖中章獻后遣中使修建用玉清昭應宫别殿

規式將成時羨材尚多中使謂主觀道士曰當爲奏陳别建道院於東偏道士唯唯而已他日復言之又不對中使不懌遂已道士者惜不知其姓名崇寧二年改崇寧萬壽政和三年改天寧萬壽别置一殿奉徽宗生命號景命萬年殿紹興十二年改報恩光孝因景命殿專奉祠徽宗有黄屋御洛之稱元更今名後燬　明洪武四年重建本府道紀司寓焉嘉泰志云會稽天寧觀老何道士喜栽花釀酒以延客居於觀之東廊一日有道人狀貌甚偉款門求見善談論喜作大字何欣然接之留數日乃去未幾有妖人張懐素號張落托者謀亂乃前日道人也何亦坐繫獄以不知謀得釋自是畏客如虎杜門絶往還忽有一道人亦美風表多技術觀之西廊道士曰張若水介之來謁

何大怒曰我坐接無賴道人幾死於囹圄豈敢復見汝耶因大罵闔扉拒之而此道人蓋永嘉人林靈噩也旋得幸貴震一時賜名靈素平日一飯之恩必厚報之若水乘驛赴闕命以道官至蕊珠殿校籍視殿修撰父贈朝奉大夫母封宜人而老何以當罵之朝夕憂懼若水爲揮解且以書慰之始少安觀中人至今傳以爲笑又云政和後道士有賜玉方符者其次則金方符長七寸濶四寸面爲符背鑄御書曰賜某人奉以行教有違天律罪不汝貸結於當心毋齋醮則服之會稽天寧萬壽觀有老道士盧浩真者嘗被金符之賜予少時親見之

宋陸游修觀疏　天覆地載之閒飲啄皆由於道蔭岐行喙息之類涵濡悉荷於國恩豈獨忠義之心人人具有抑亦生成之賜物物皆同永惟光孝之道場實薦徽皇之飈御神祠佛剎尚營繕之相望琳館珍臺豈修崇之可後某等叨恩冠褐尤職宫廷敢忘夙夜之勤冀復規模之舊既侈先朝之遺跡遂
新太府之榮觀

明真觀在府東北二里賀知章行館也宋乾道中史

浩奏移千秋觀舊額建其中爲三清殿兩廡分亭前代高尚之士凡四十一人故俗謂之先賢堂又名鴻禧觀永樂中改今額【宋陸游修觀疏】一鑑澄湖千秋古觀瓊樓玉宇正須月斧之修藥笈琅函未極雲章之奉至於傑閣翬飛於天半長橋虹卧於波心皆擬繕營用成勝絶況丞相肇新於真館與邦人仰禱於帝齡覆載之間共陶化日髮膚之外皆是聖恩願垂不朽之名更效無疆之祝明王【埜詩】賀監風流去不回千秋宫觀出塵埃數章喬木著濃蔭一曲舊亭空緑苔弔古人來惟短棹步虚聲杳落層臺不知敕賜黄冠後誰繼清風自後來

天慶觀在府學東唐之紫極宫也宋名承天觀相傳即徐偃王所居之翁洲大中祥符元年正月乙丑天書降承天門以其日爲天慶節二年十月詔州府軍

監關縣擇建道觀一所並以天慶爲額蓋用節名也
於是州以承天應詔建炎三年高宗駐蹕越州十一
月癸亥列聖御容至自東京迎于觀中奉安焉元改
玄妙觀以上隸會稽
會稽天長觀在五雲門外唐天寶三載秘書監賀知
章辭官入道捨宅爲觀號千秋觀七載改今額初開
元十七年從群臣請以八月五日上降誕日爲千秋
節觀蓋用節名後改千秋節爲天長地久節觀名從
之嘗有道士携草屨數十緉坐觀門有過者輒與之
已而得屨者或有脚疾或骭瘍着之皆頓愈競相傳

布而道士已失所在故至今俚俗謂天長爲草鞋宮殿上像設奇古傳以爲唐代所塑如麻姑浮丘伯等皆他宮觀所無郡人謂之土寶又殿東有小銅鐘範製甚奇聲尤清圜遠聞非凡鍾比嘗撲損匠者鋸爲大鎛聲乃如故汝陰王厤潛作八分書於鐘上惜其不爲人所知旋徙於他所矣今廢縣志曰越人相傳明貞觀即賀監宅然所謂鑑湖一曲者觀中蓋無此景則嘗疑之今考前志乃知賀鑑宅在五雲鄉其他風景宛然如昔而宅乃爲河泊之廨署也宋陸游詩縱轡不嫌逺逢山猶一登夕陽波瀲瀲殘雪塔層層折竹橫遮道飢烏下啄氷欲歸還少住倚杖對崚嶒

諸暨乾明觀在長山之麓宋紹興中建

餘姚祠宇觀在四明山本劉樊夫婦飛昇之所莫詳其始建歲月唐天寶三年以其地險遠移建於瀑布嶺下遂名白水宮宋政和六年詔建殿宇蠲其雜賦今廢［唐孟郊送蕭鍊師詩］閒於獨鶴心大於青松年迴去萬里表高棲四名巔千尋合抱樹百尺倒掛泉絳雪爲我飯白雲爲我田靜言不詠俗靈跡時步天［施肩吾詩］萬壑歸源瀉石湫洞天名不下瀛洲聲聞大地玉龍吼勢接碧空銀漢流道院晝陰微雨集斗壇秋冷濕雲浮山翁指點青松外曾見仙人跨鶴遊［又憶四明山人］愛彼山人石泉水幽聲夜落虛窓裡至今憶彼卧雲時猶自潸潸在人耳［寄四明山子］高樓只在千峯裏塵世望君那得知長憶去年風雨夜向君窓下聽猿時

上虞明德觀在縣東門外宋寧宗后父楊漸之故宅也嘉定十五年築三清閣命鹿泉劉真人主之元至

元二十一年改閣爲觀大德四年燬于火惟閣獨存後亦就圮　國初復新今爲都道場所

玄妙觀在金壘山漢魏伯陽宅也宋大中祥符二年改額天慶元末燬　明成化八年知縣黃錦命明德觀道士葉廷歘重建明朱衮詩端居厭糾紛與懷瑤草仙凡豈殊方人境有别鳥石瑤靜年芳羽化迹如掃緬懷少小遊咔嘩事文藻倦淙安故棲頻過恣幽討音徽拭松風鶴唳和穹昊銀飛是何物雲霞本媌好我非金石姿誰黄謂抽身早焚香玩參同無憂泊華皓

嵊桃源觀在縣北通越門内唐武德八年建太清宫後廢漢乾祐三年重建有山門兩廡大殿層樓改今額按舊録云吴越時有東都帖曰桃源觀宫主靈逸

大師陸契真乞以錢本𦊆運香油未審剡縣太清宮所被三清大師作真聖宮北帝院使用則是時太清宮尚存又與桃源觀別爲一區矣【宋沈遘贈剡谿桃源宮王道士詩】我昔剡溪遊道人一相遇重來十歲餘顏色宛如故顧我命衰早鬢毛以蒼然乃知世上榮不若山中閑道人家東都問朔不歸北北方多風塵素衣化爲黑斯言共所信吾志亦江湖瀟灑會稽守平生欣莫如君恩容苟安願奉三年計幸爾數到城開談北方事【張噐之詩】宿雨初妝月露文模糊影動未全分羅衫拂影桃花落黎杖穿雲柳絮紛仙馭珩璜鳴秘館簫聲瑶調隔黎雲卻懷採藥劉郎處一徑蒼苔鎖夕曛

又新昌東岇山下流河嶺北亦有桃源觀四面皆山一徑斜入桃花千樹松柏陰森雖夏無暑中有環松軒【宋周必大與會稽章穎訪石天民編修遇雨詩】桃源佳致絕塵埃惟有桃花樹樹開曉雨作晴香作

陣晲霞相映錦成堆觀中道士多幽趣席上詩翁試
逸才劉阮欲尋仙子跡不須採藥到天台章穎詩繞
觀參天萬樹松倚欄時見翠重重一晌曉霧浮天外
半夜秋濤落枕中莫雨斷猿愁冪歷夕陽飛鳥度屏
風採苓欲問長生訣
只恐雲迷路不通

金庭觀在金庭山舊傳晉王右軍捨宅爲觀初名金
真觀後改金真宮宋齊間褚伯玉居此三十年後遊
南嶽霍山復歸謂弟子曰吾從此去十旬當逝及期
而終唐高宗時賜名金庭觀宋宣和七年改崇妙觀

齊孔稚圭褚先生碑河洛摛寶神道之功可傳嵩華
吐秘仙靈之迹可覩蓋事詳於王牒理煥於金符雖
冥然難源顯晦異軌測心觀古可得而言焉是以子
晉笙歌馭鳳於天海王喬雲舉控鶴於玄都亦以稀
蜕蟬觸影遁形銷神翥帝宮迹留劍杖遊瑶池而不
返宴玄圃以忘歸永嘉惡道者窮天地之險也歎寰

過日折石橫波飛浪突雲奔流懸箭先生拔途躋[illegible]
宿紲涉圻而衝飈夜鼓山洪暴激忽乃崩所墜壑一
裂下伊飄地淪萬翻透無底徒侶判其氷碎舟子悲
其霤散危寃中夜赴阻相尋方先生恬然安席銘曰
關西升妙洛右飛英鳳吹金闕簫歌玉京絕封萬古
乃既先生先生浩浩唯神其道泉石依情煙霞入抱
秘影窮岫孤栖幽屮心圖上玄志通大道縣舊志曰
按東岡志南史褚伯玉隱剡瀑布山齊高帝召之辭
敕於剡白石山立太平館舍之孔稚珪從其授道爲
於館立碑今瀑布在剡西太白山上白石山或者即
太白山山下有太平鄉館宜在彼若與金庭觀不相
當而唐裴通云南齊永元二年道士褚伯玉啓高宗
明皇帝於此山置金庭觀正右軍之家也稚圭之碑
無明文可據方外之事承訛襲謬不可復考姑志於
此梁沈約金庭館碑銘夫生靈爲貴有識斯同道天
云及終天莫反故仙學之秘上聖攸尊啓玉笈之幽
文貽金壇之妙訣駐景濛谷還光上枝吐吸煙霞變
練丹液出沒無方升降自已下栖洞室上賓群帝觀
靈岳之驟聳見滄波之屢竭望玄州而駿驅指蓬山
而永騖芝蓋三重駕螭龍之蜿蜒雲車萬乘載旗旆

之逶迤此蓋栖靈五岳未暨夫三清者也若夫上玄奥遠言象斯絕金簡玉字之書玄霜絳雪之寶俗士所不能窺學徒不敢輕慕且禁誓嚴重志業艱劬自非天禀上才未易可擬自惟凡劣識鑒鮮方徒抱出俗之願而無致遠之力早尚幽栖屏棄情累留愛巖壑託分魚鳥塗愈遠而靡倦年既老而不衰高宗明皇帝以上聖之德結宗玄之念志其非薄曲賜提引未自夏汭固乞還山權憩汝南懸境固非息心之地聖主纘歷復蒙縶維永泰元年方遂初願遂遠出天台定居茲嶺所憩之山實惟桐栢實靈聖之下都五縣之餘地仰出星河上參倒景高崖萬沓邃澗千廻因高建壇憑巖考室餝降神之宇置朝禮之地桐栢所在厥號金庭事昺丙靈圖因以名館聖上曲降幽情留信彌密置道士十人用祈嘉祉越以不才首膺斯任永棄人群寘景窮巖結懇志於玄都望霄容於雲路仰宣國靈介茲景福延吉祥於清廟納萬壽於神躬又願道無不懷澤無不至幽荒盈縢戎貊稽顙息鼓輟烽守在海外因此自勉蕪遂微誠日久勤劬自強不已翹心屬念晚卧晨興飡正陽於停午念孔神於中夜將三芝而延佇飛九丹而宴息乘鳧輕舉留

曷志歸以茲丹款表之玄極無曰在上日鑒非遠銘
石靈館以旌厥心其辭曰道無不在若存若亡於惟
上學理妙群方用之日損言則非常儵焉靈化羽變
規裳九重崇岩三山璀璨日爲車馬芝成宮觀虹旌
拂月龍輈漸漢萬春方華千齡始旦伊余菲薄竊慕
隱淪尋師請道結友問津東採震澤西遊漢濱依俙
靈春髣髴幽人帝明紹歷惟皇纂位屬心鼎湖脫屣
祚器降命凡底仰祈靈祕瞻彼高山興言覆簣啓基
桐柏厥號金庭喬峰迴峭擘漢分星臨雲置堞駕岳
開櫺綱塗蹇產林祈葱青誰謂應遠神道微密慶集
宮闈祥流罕畢其久如地其恒如日壽同南山與天
無卒史生變煉外示無功火君飛轉密與神通因資
假竹輕舉騰空庶憑嘉誘永濟微躬 游沈道士金庭
館詩 秦皇御宇宙漢帝恢武功歡娛人事盡情性猶
未充銳意三山上託慕九霄中既表祈年觀復立望
仙宮寧爲心好道直由意無窮曰余知止足是願不
須豐山嶂遠重疊竹樹近蒙籠開襟濯寒水解帶臨
清風所累非外物爲念在玄空朋來掘石体賓至駕
輕鴻都令人徑絕唯使雲路通一舉凌倒景無事適
華嵩寄言賞心客歲暮爾來同 唐張說金庭觀詩 玄

珠道在豈難求海變須教髯不秋他日洞天三十六碧桃花發共師遊〔僧小白詩〕羽客相留宿上方金庭風月冷如霜直饒人世三千歲未抵仙家一夜長〔羅隱送裴饒歸會稽詩〕金庭路指剡山隈珎重良朋自此來兩鬢不堪悲歲月一巵猶得話塵埃家通曩分心空在世逼横流眼未開笑殺山陰雪中客等閑乘興又須廻〔宋李易居剡寄鄭天和詩〕金庭洞在桐柏山山高一萬八千丈中有神仙不死區郁郁黄雲覆其上透岩流壑繞四旁面勢參差皆意向鷄登天姥有時聞鶴在沃洲何待放彩衣大勝宫錦袍白髮奉親仍縱賞興才爭出輔清朝奕奕氣自驚遊碧嶂古來無位有重名吾家譎仙陸魯望平生願到循不諧翔復區區走俗狀桃源康樂舊鄉存路接風煙甘遠往渡江正謂九華丹石笋飛泉歸指掌鸞翔鵠洛傳異時列岫方池閑想像剡溪隨處可卜居乘興扁舟正相訪〔明張璨詩〕金庭山接東海頭南連華頂西沃洲地脉遥通海間國天光鬱抱岩中樓仙家洞天三十六金庭正在神仙籙日觀霞宫縹緲間雲窓霧閣透迤曲煉丹道士懷玉霄每於洞中候琊璈鸞輿或降赤松子鶴馭時來王子喬靈蹤一閟今千載羽蓋飈

睔知何在五粒松枝不可攀三秀靈苗許誰采晉朝內史右將軍舊宅嘗寄茲山根清談已無舊賓客高致還遺賢子孫衣冠閥閱聞天表暇日邀予共探討石刻開摩沈約碑墨痕猶記羲之沼放鶴臺前春雨晴濯纓亭畔石泉清瑶草叢深卧馴鹿碧桃香煖聞啼鶯攀蘿陟巘窮幽谷盡日清幽殊不足一道飛泉瀉玉虹半畝清陰覆茅竹王郎手携九節笻維詞宛有謫仙風杳爐五老屹相向紫烟上羃金芙蓉壺觴況就松下酌高朋滿座爭歡謔劇飲狂歌烏角巾高歌醉擲金錯落飲餘長嘯倚林㵎散作雲間鸞鵠聲裁詩復和神仙曲寫石共結烟霞盟青天月出興未盡攜壺又款花間飲萬事須憑北海樽百年盡付邯鄲枕世情於我更悠悠但思方外覓丹丘遥遥瀛海安期棗渺渺扶桑徐市舟仙凡有緣豈相隔偶墮行塵爲行役洞裡群仙倘有招歸卧松雲燒白石

新昌真聖觀在石鼓山宋紹興十四年知縣林安宅建中有石太傅遺像明呂升詩松梓發幽聲竹徑團秀色野人乘春閒鳥道不倦陟

緬懷古君子再拜覲遺跡回廊儼神像壞壁陰蘚蝕如何古名地屬此羽衣客顧我非異端感此長太息何當重居此閉門著方冊

宫天妃宫紹興一衛五所每一所領伍者十每一伍置宫者一臨山衛觀海衛三江所瀝海所三山所龍山所各置宫一祀其神以護海運郎瑛七修類稿云天妃莆田林氏女幼契玄理知禍福在室三十年宋元祐間有殊異迨元至我　明並著靈於海如至元間萬戸馬合法忽魯循等洪武間漕卒萬人韋永樂間百户郭保俱以海運成化間給事中陳詢嘉靖間給事中陳侃俱以奉使海國危矣而並以天妃免詢

之免有兩紅燈數漁舟來引又與合藥以辟蛇害漂
沉香木今詢得刻其像侃之免有火光燭舟數蝴蝶
遶舟黄雀食柁上米食已風即順激曉至閩午入定
海事尤奇其號則忽魯循等奏賜者也
會稽龍瑞宫在宛委山下其旁爲陽明洞天宫有石
刻龍瑞山界至記不知何人作乃賀知章書云宫自
黄帝建候神館宋尚書孔靈産入道奏改懷仙館唐
神龍元年再置開元二年敕葉天師醮龍見改龍瑞
宫有龍見壇祈禱極感應宋嘉定十四年浙東提刑
汪綱以旱來禱設醮于宫忽有物蜿蜒於壇上體狀

殊異不類凡旱繼而雨如傾注後汪領郡事遂重建龍祠頗爲嚴飾又請於朝賜龍神廟額曰嘉應宮當會稽山南峰嶂遒峷其東南一峰崛起上平如砥號茁龍上昇臺茁龍者不知其名唐初人善畫龍得道仙去大抵龍瑞宜烟雨望之重峰叠巘圖畫莫及故鄉人語云晴禹祠雨龍瑞

唐孫逖尋龍瑞詩　仙穴尋遺跡輕舟愛水鄉溪流一曲盡山路九峰長漁火歌金洞江妃舞翠房遙憐葛仙宅真氣共微茫

同邢判官尋龍瑞觀歸湖中　星使下仙京雲湖喜晝晴更從探穴處還作棹歌行絲竹荷風入簾幃竹氣清莫愁歸路遠水月夜虛明

方干詩二首　縱目下看浮世事方知峭崿與天通湖邊風力歸帆上嶺頂雲根在雪中促韻寒蟲催落照斜行白鳥入遙空前人去後後人至今古異時登眺同

又　或雨或雲常不定地靈雲雨自無時世人莫識神仙

宇仙鳥偏棲藥樹枝遠壑度年如晦暝陰溪入夏寒
凌澌此中惟有師知我未得尋師即夢師　宋葉適汪
提刑禱雨龍瑞宫詩感格孰如汪仲舉步虛未
了龍來語會稽秦望都洗青越人喚作提刑雨

道院府城内太清蓬萊道院在臥龍山麓元延祐三年邑人孟成之捨地道士張玄悟建　明嘉靖十六年知府湯紹恩改名太乙仙宫二十一年知府張明道復題其額曰紫陽道院

王虚道院在府東南二里元大德四年道士呂雷山建　明弘治間道士馮廸玄增修

治平道院在府東南三里元大德四年里人温平捨地道士徐仙翁建以上俱隸山陰

新昌崇真道院在二都宋石廸之建始名棲霞淳祐中陳雷改建名小蓬萊元至元中完顏重建改今名

明楊居詩不識蓬萊路今知水上庵過橋珠樹列入室錦雲含白术香微動黃精露更甘道人陪客罷貰藥出城南

殿府城内雷殿在卧龍山上府城隍廟東

玄帝殿舊在蓬萊閣下郡守汪綱移建卧龍山上崇善王祠前俱隸山陰

餘姚玉皇殿在大黃山絕頂

紹興府志卷之二十二

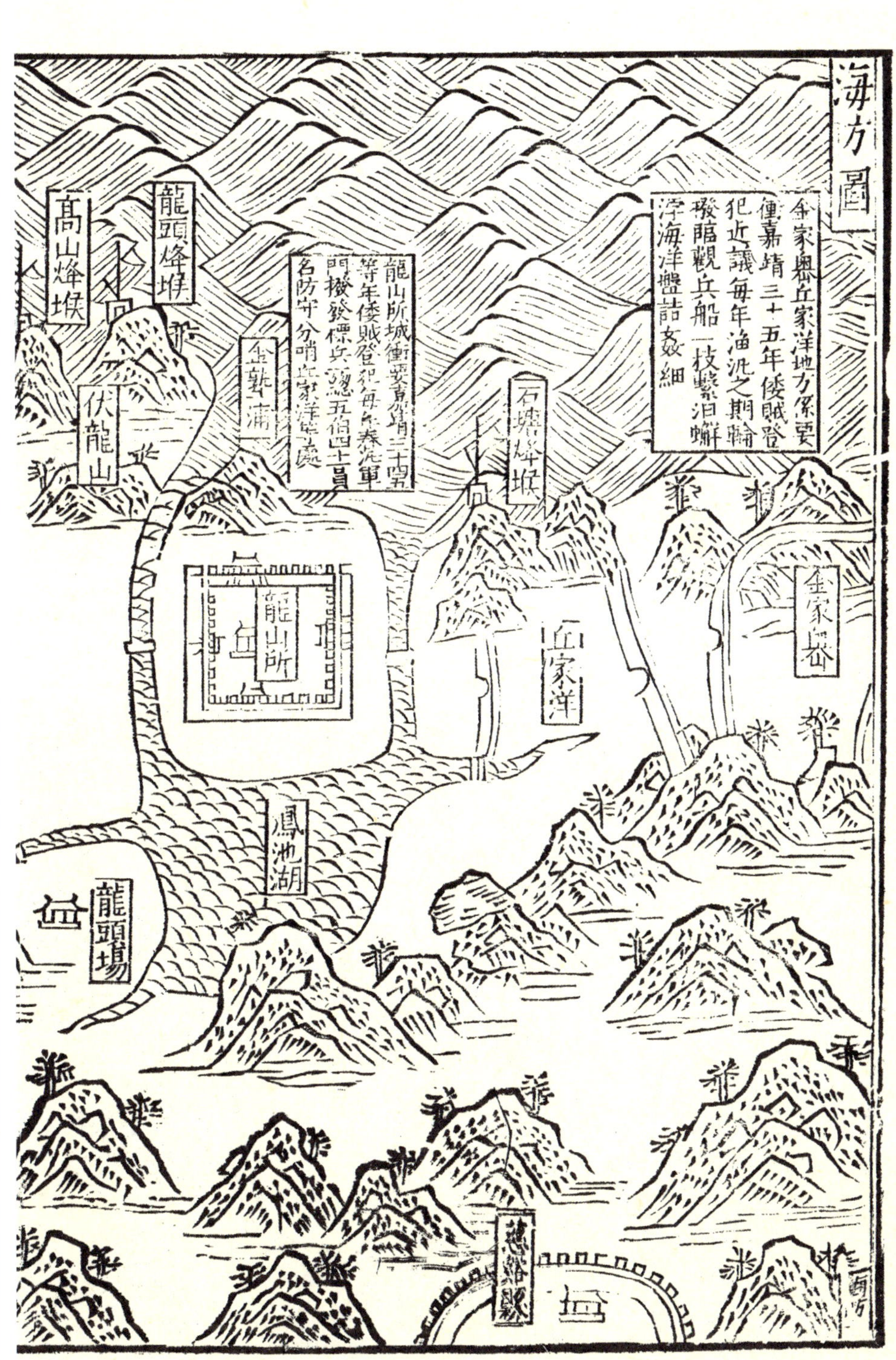
海方圖
金家嶴丘家洋地方係要衝嘉靖三十五年倭賊登犯近議每年漁汛之期輪撥臨觀兵船一枝繫泊蠏浮海洋盤詰姦細
龍山所城衝要嘉靖三十四五等年倭賊登犯每年春汛軍門撥發標兵總五伯四十員名防守分哨丘家洋等處
高山烽堠
龍頭烽堠
伏龍山
金墊浦
石塘烽堠
龍山所
丘家洋
金家嶴
鳳池湖
龍頭場
慈谿縣

黃山
柴排礁
古窯地方嘉靖三十三四年倭賊
犯議設兵船哨守緣沙硬
水淺今改列港駐泊
筊杯礁
白頭烽堠
總臺烽堠
新浦烽堠
椹浦
古窯港
松浦港
龍尾烽堠
蛟門
古窯烽堠
松浦巡司
施公山烽堠
杜湖
白洋湖

海防圖

勝山海洋要衝嘉靖三十四年倭賊入犯議設兵船防守今改駐泊烈港

勝山烽堠

天妃宮

勝山港

平石

眉山烽堠

滸山烽堠

擺嶼烽堠

觀海衛近海險要每年春汛汎撥臨山營後總官兵四哨共四伯二十七員各分守分哨平石等處

三山所

三山近海險要每年春汛分撥臨山營右總官兵共四伯三十一員各防守分哨勝山等處

蔡山烽堠

吳家山烽堠

向頭巡司

三山巡司

長横山
朝前烽堠
羅山烽堠
四門烽堠
方家路烽堠
道塘烽堠
周家路烽堠
徐家路烽堠
天妃宮
眉山巡司
瀝山烽堠
臨山備倭要衛嘉靖三十
年倭賊攻陷今留本衛左右
後三總各一哨官兵三佰五
員名防守巡哨泗門等處
汝仇湖

海防圖
扁礁山
臨山港
烏盆烽堠
趙㘰烽堠
夏蓋山烽堠
荷花池烽堠
槎浦烽堠
胡家池烽堠
瀝海所
夏蓋湖
廟山巡司
臨山衛
把總司
百官巡司
梁湖
曹娥廟
東關驛
曹娥江
曹娥驛
上虞縣

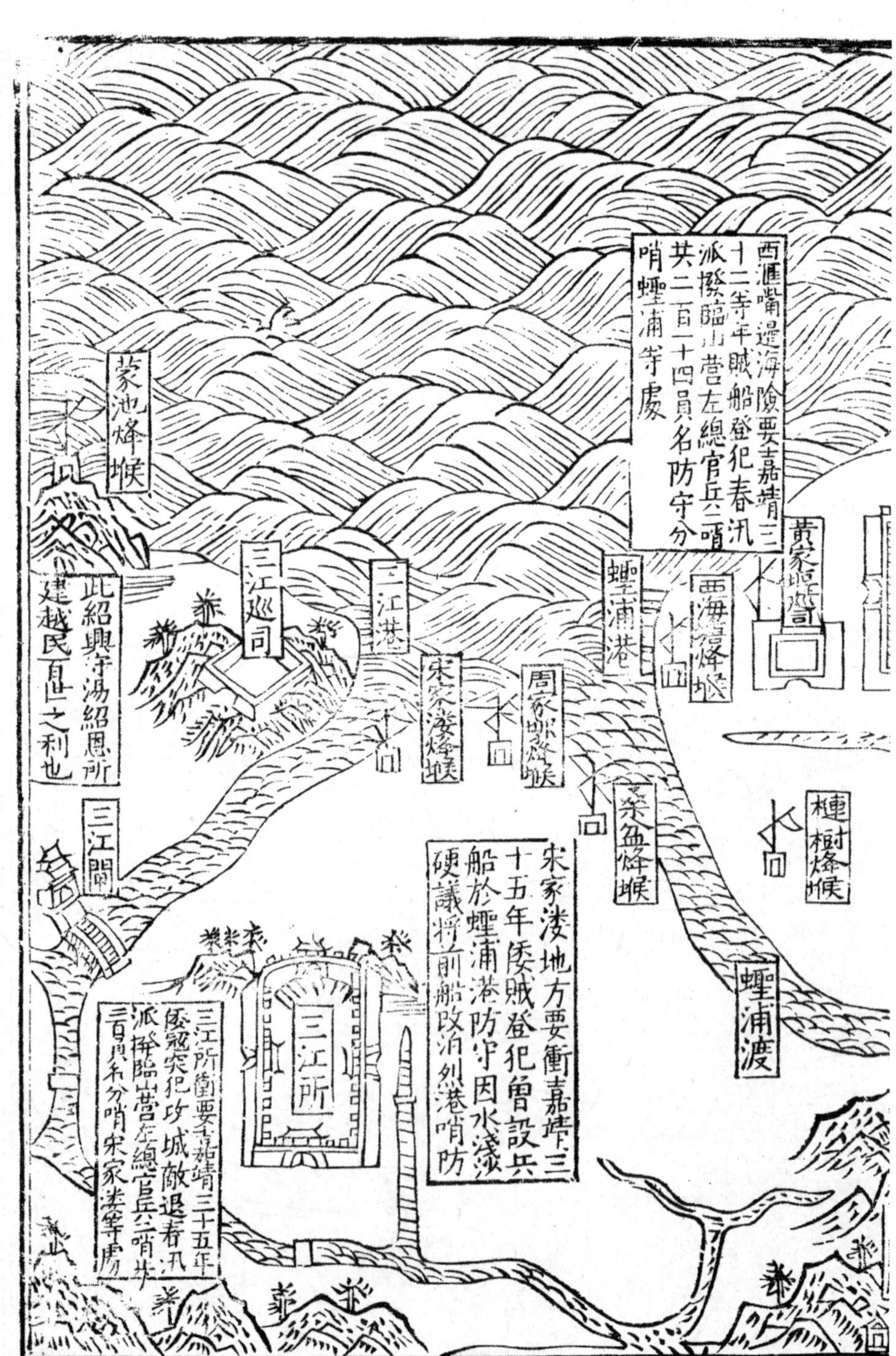
西滙嘴逼海險要嘉靖三十二等年賊船登犯春汛派撥臨山營左總官兵二哨共二百一十四員名防守分哨蟶浦等處
黄家堰巡司
西海塘烽堠
蟶浦港
周家墺烽堠
宋家溇烽堠
三江港
三江巡司
蒙池烽堠
此紹興守湯紹恩所建越民百世之利也
三江閘
桑盆烽堠
樝樹烽堠
蟶浦渡
宋家溇地方要衝嘉靖三十五年倭賊登犯曾設兵船於蟶浦港防守因水淺硬議將前船改泊列港哨防
三江所
三江所衝要嘉靖三十五年倭寇突犯攻城敵退春汛派撥臨山營左總官兵二哨共三百員名分哨宋家溇等處

海防圖
毬山
獅子口
龕山寨
營
杭湖烽堠
烏峯烽堠
馬鞍山烽堠
白洋巡司
龕山鱉子門衝要
嘉靖三十二等年
倭賊登犯先曾建
寨撥兵一伯名防
守今稍寧裁革
會稽縣
紹興府衛
分守道
山陰縣

鱉子門
英濟侯祠
長山頭
西興關
西興驛
蕭山縣
湘湖

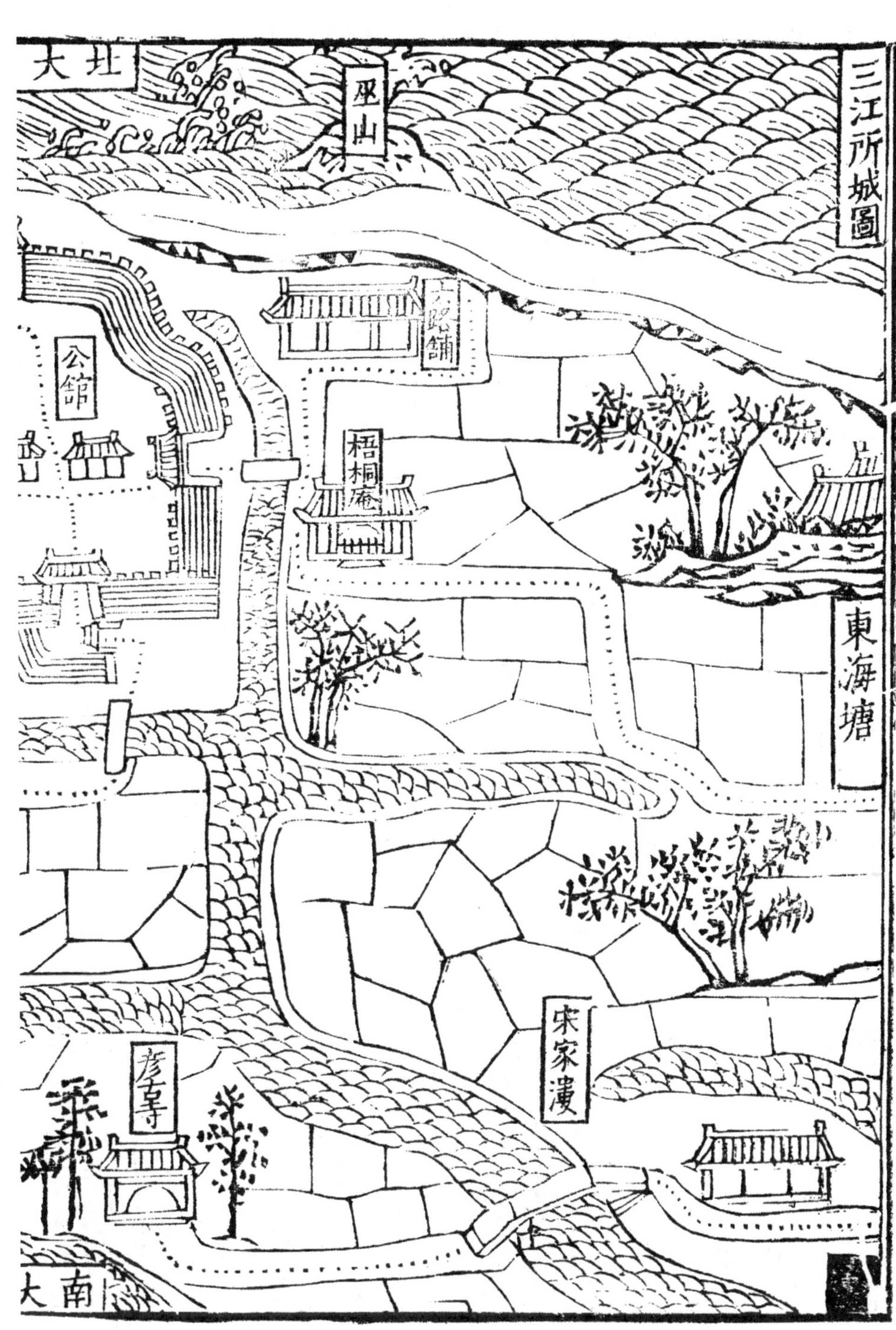
三江所城圖
北大
巫山
公館
路鋪
梧桐庵
東海塘
宋家漊
彥寺
南大

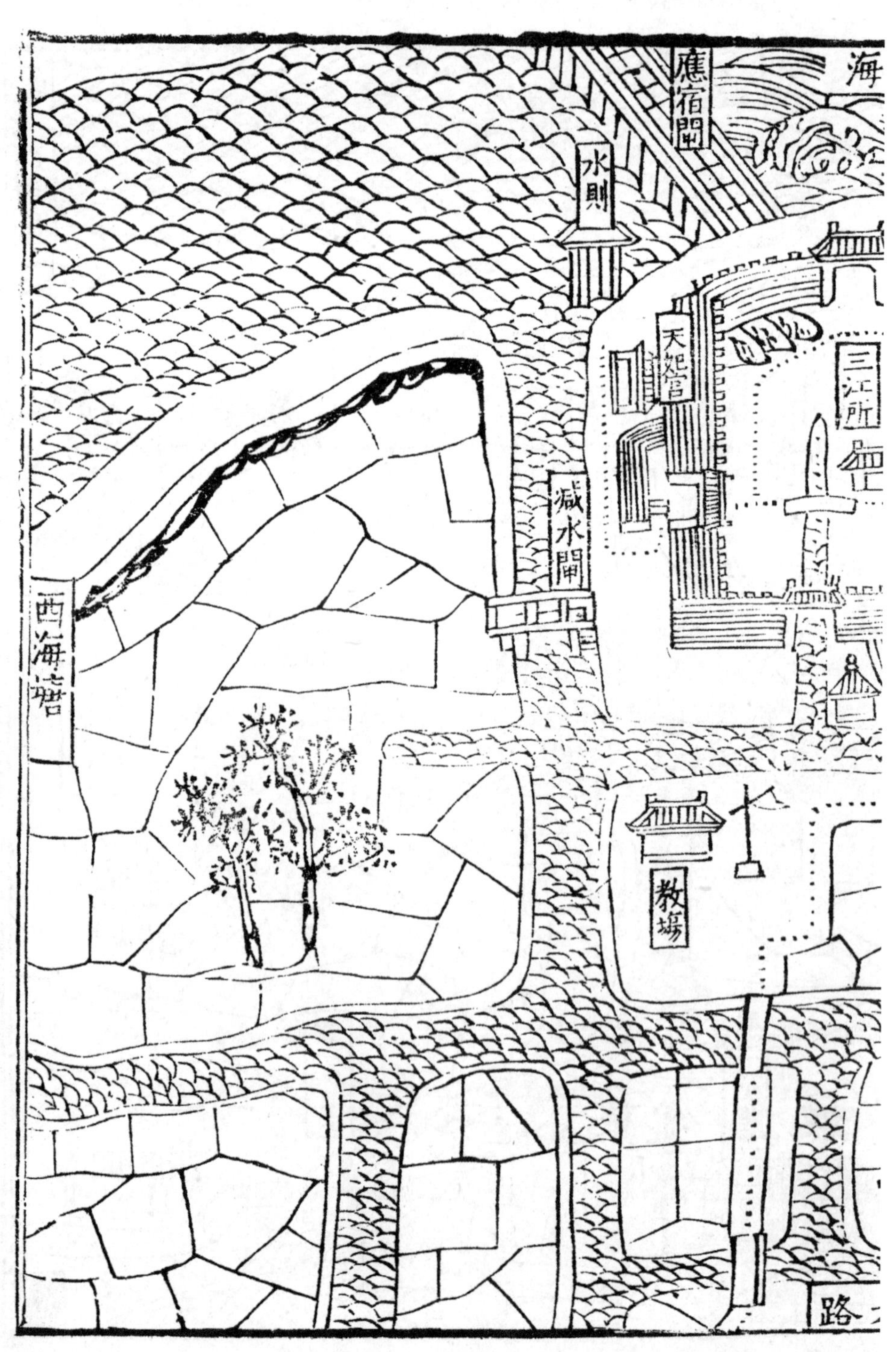
海
應宿閘
水則
天妃宮
三江所
減水閘
西海塘
教場
路

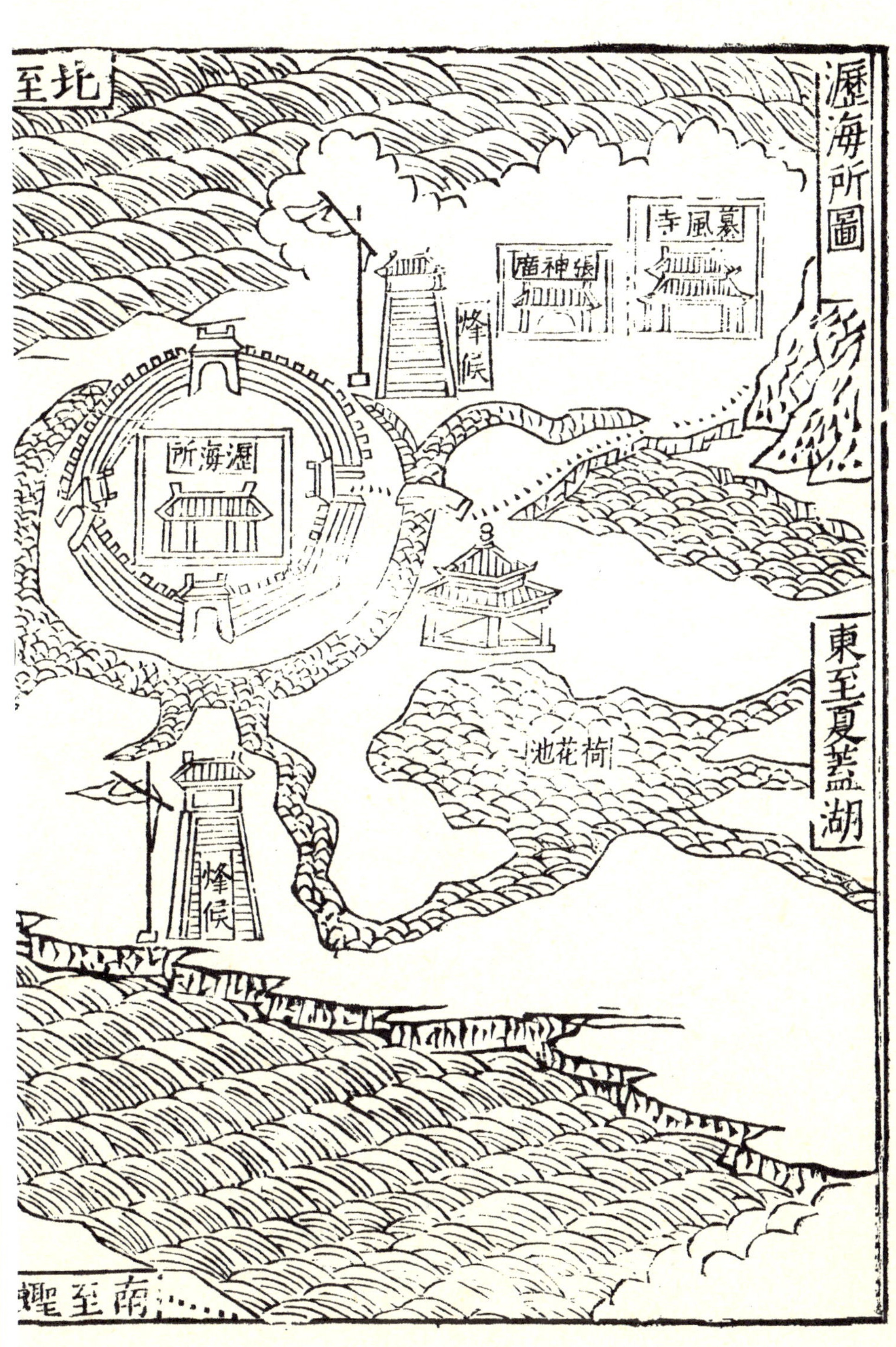
瀝海所圖
北至
張神廟
烽候
瀝海所
荷花池
烽候
東至夏蓋湖
南至

大海
烽候
黄家堰巡檢司
普慈寺
張神廟
烽候
浦

臨山衛圖
北至
烽堠
烽堠
臨山衛
常豐三倉
烽堠

大海
烽堠
臨山

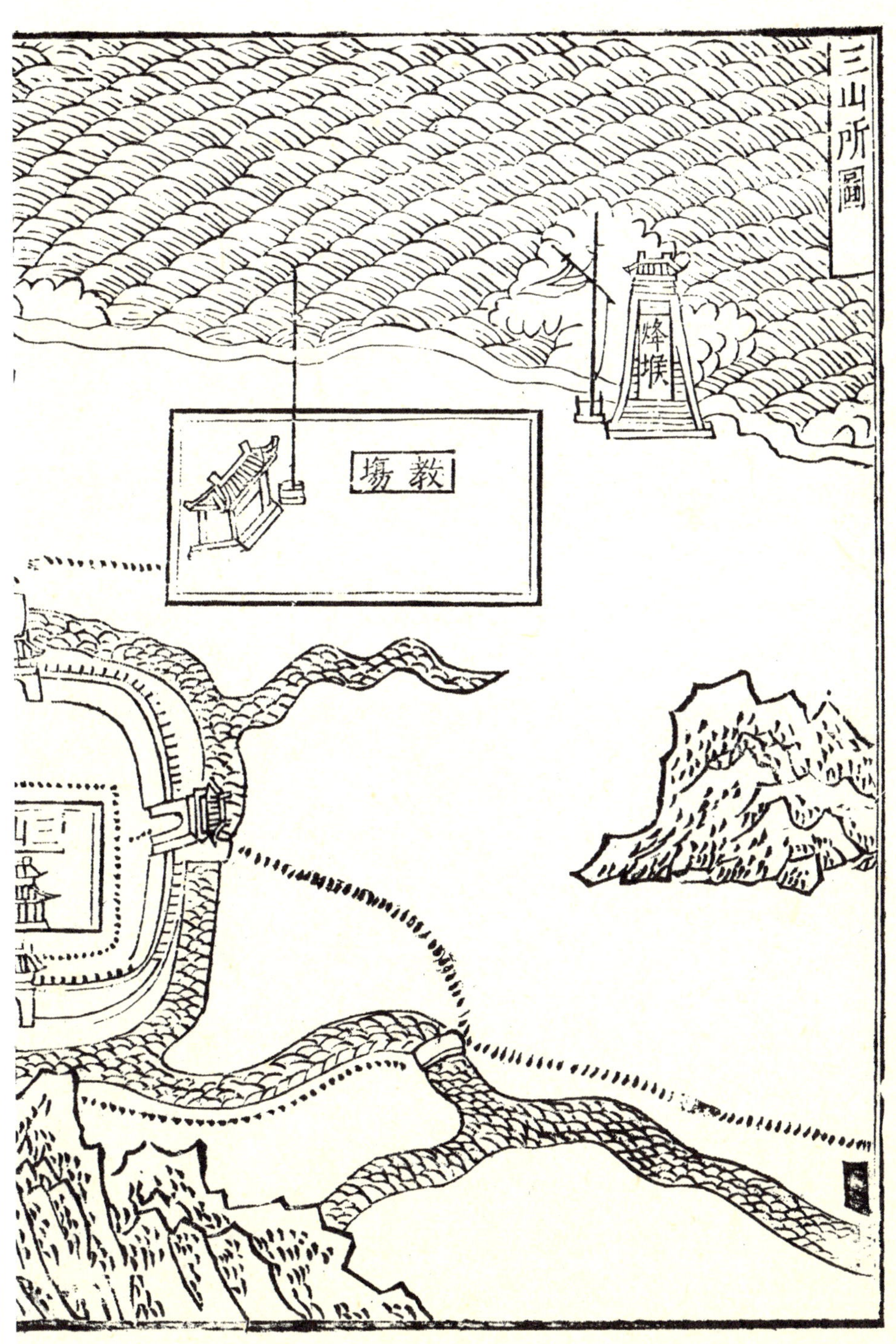
三山所圖
烽堠
教場
三

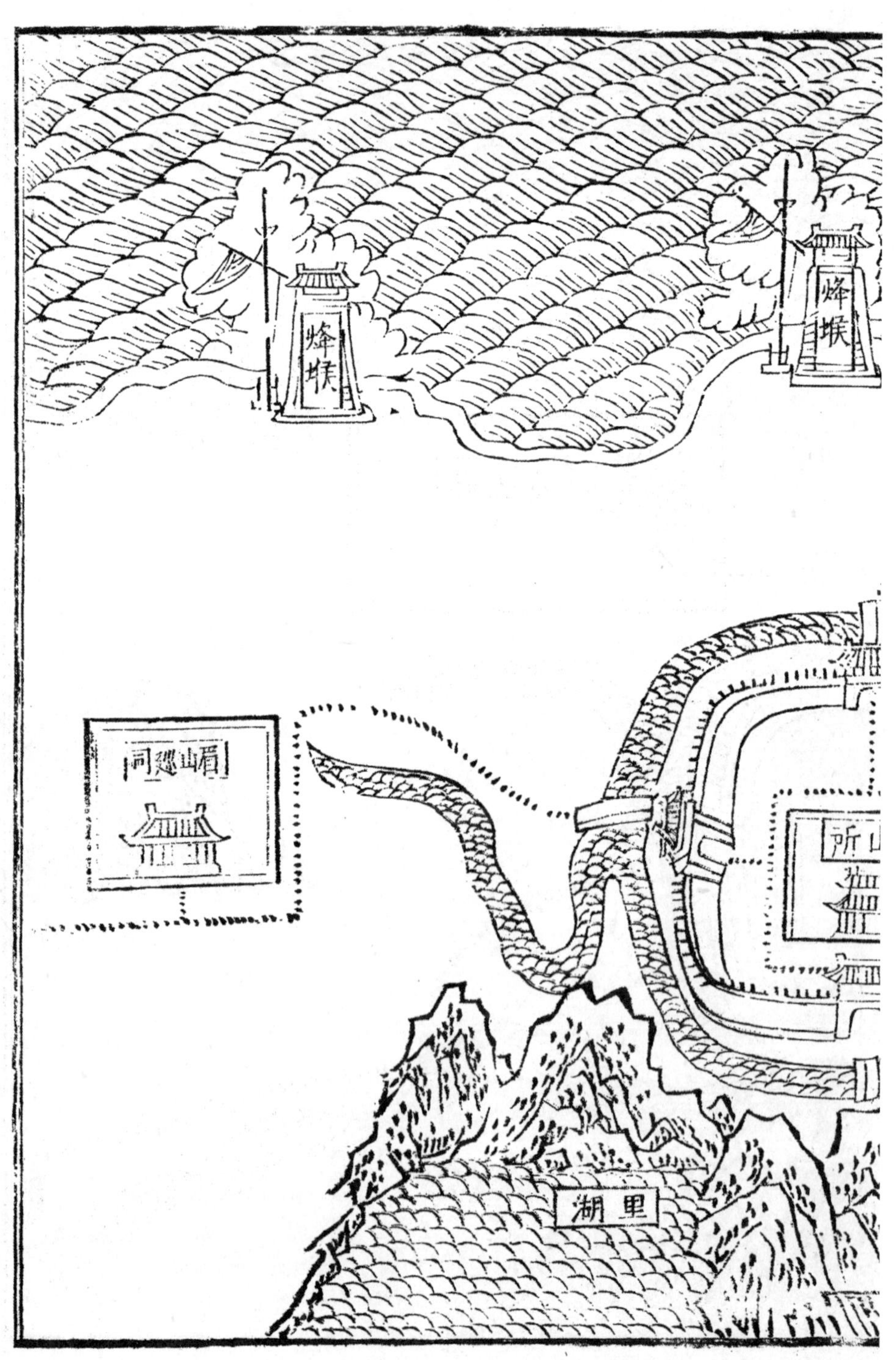
烽堠
烽堠
眉山巡司
山所
里湖

觀海衛圖
烽堠
五十六

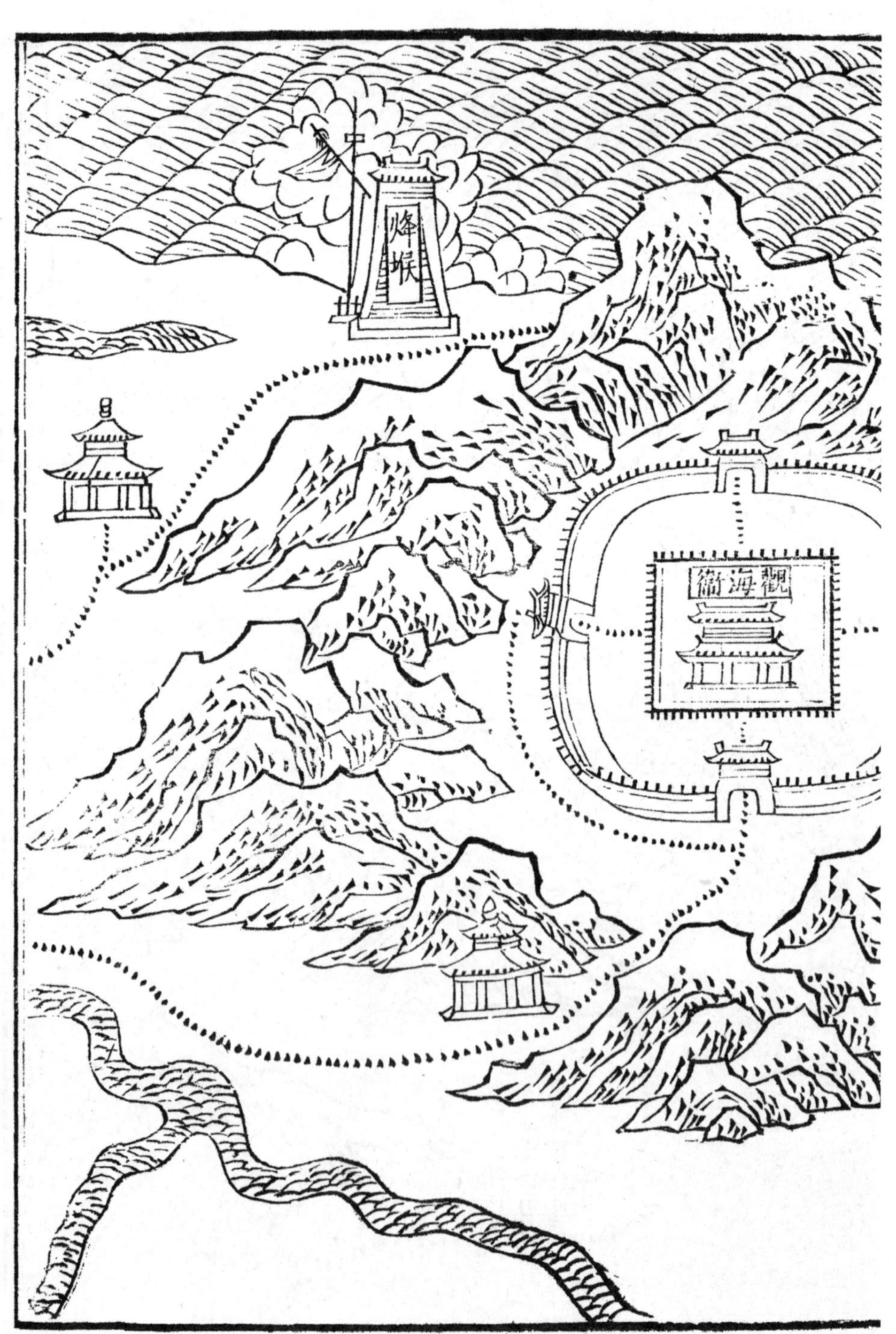
烽堠
觀海衛

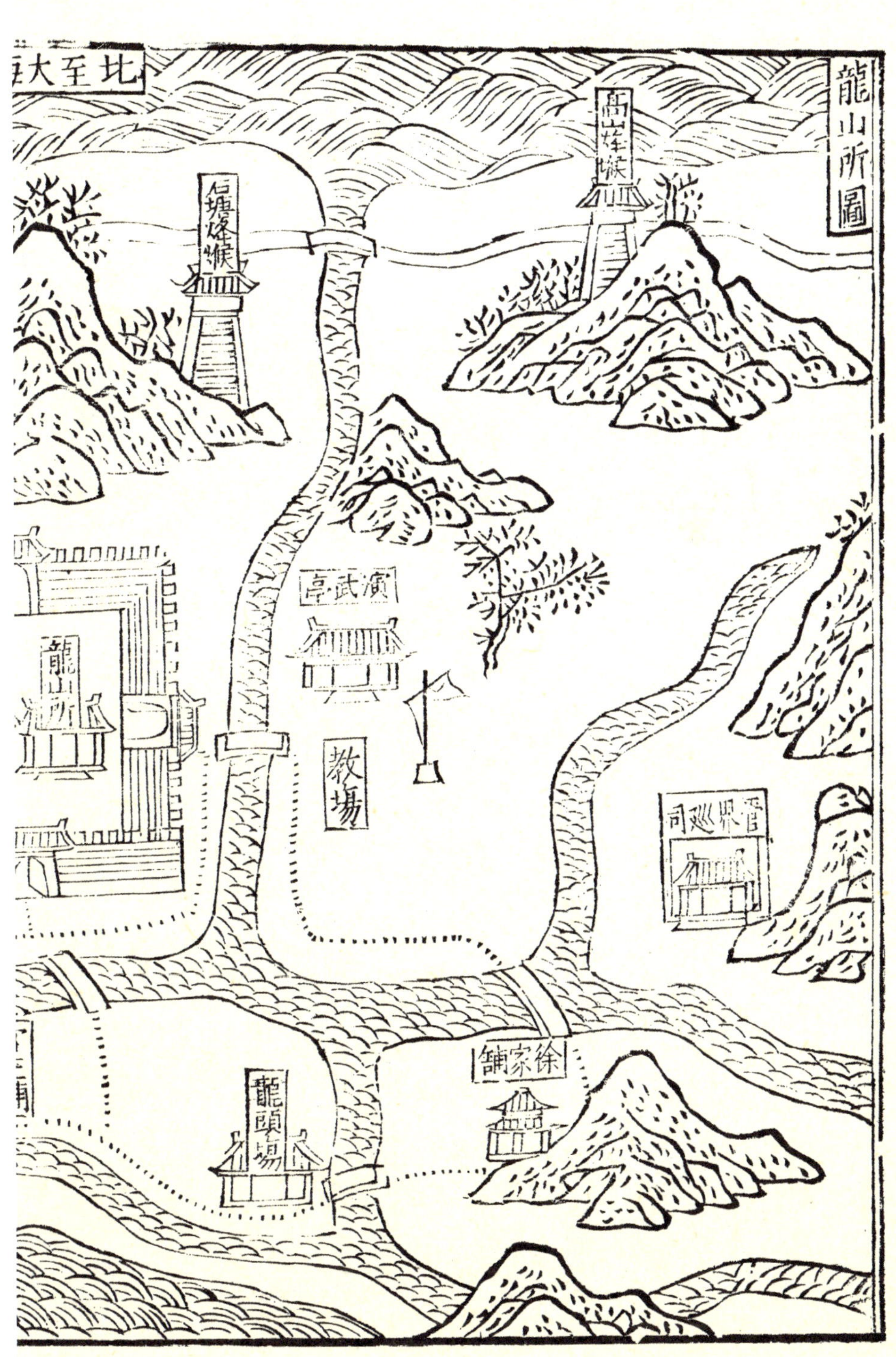
龍山所圖
北至大海
高山烽堠
石塘烽堠
演武亭
教場
龍山所
管界巡司
徐家舖
龍頭場

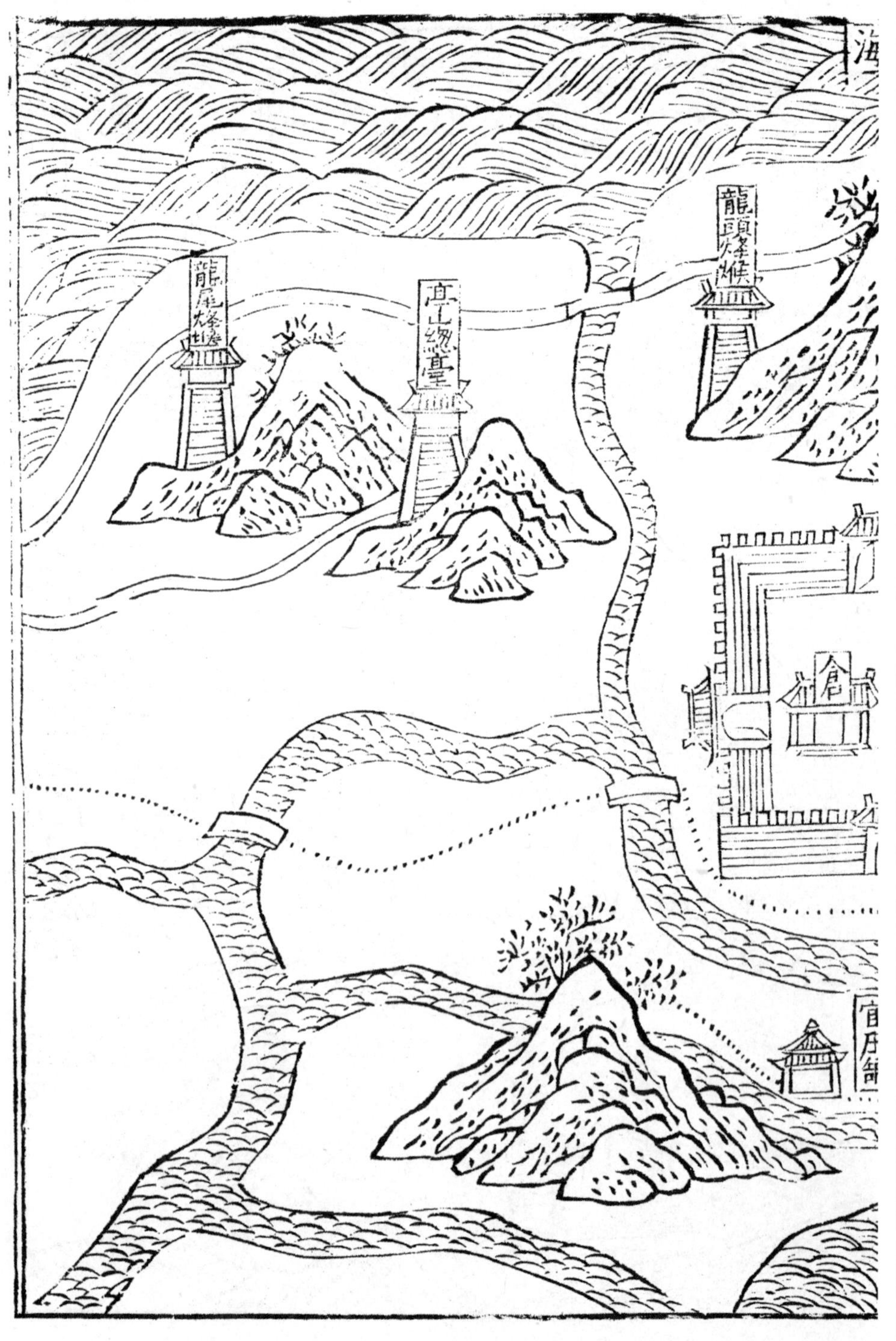
海
龍頭烽堠
龍尾烽堠
卓山總臺
倉
官廳

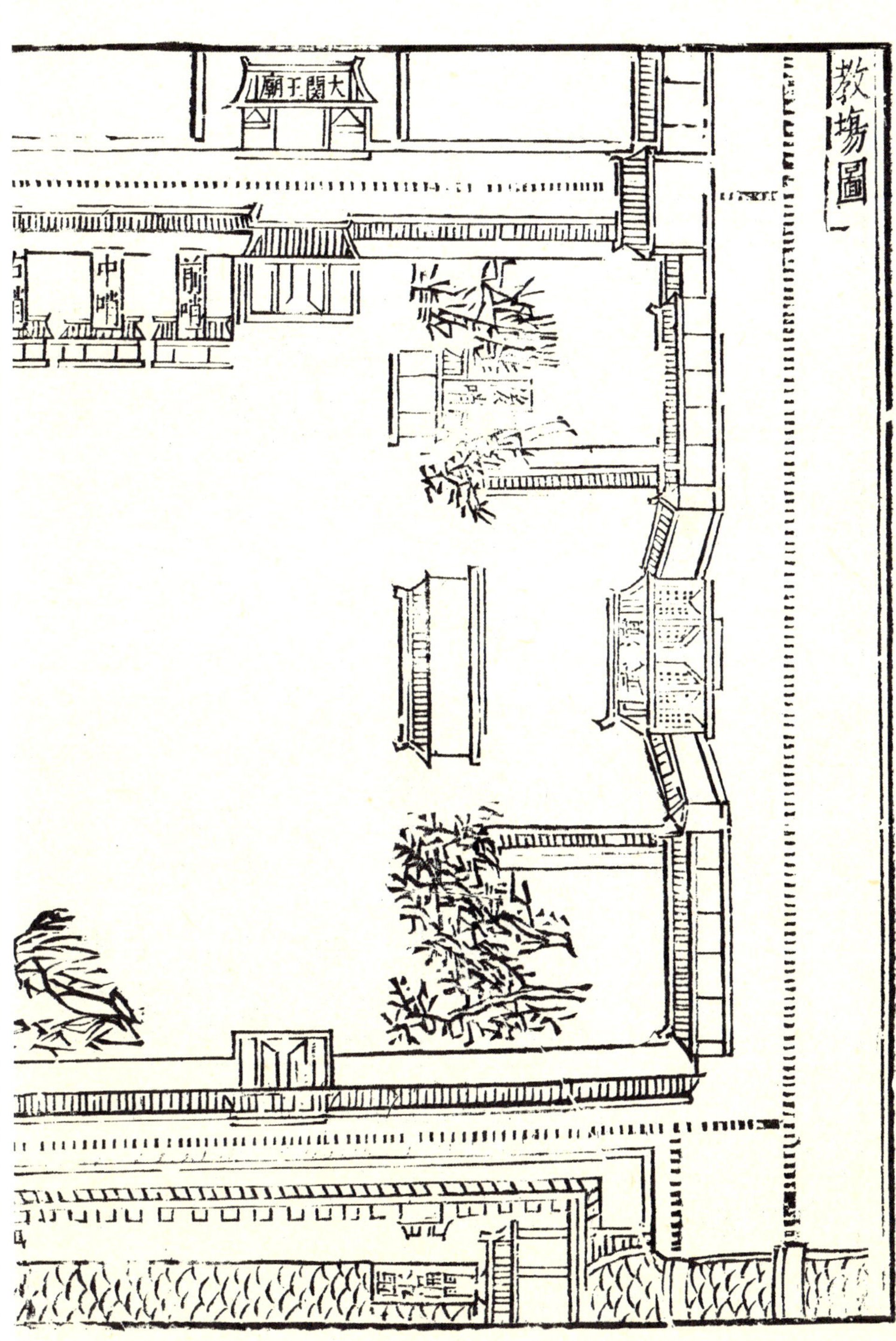
教場圖
大関王廟
中哨
前哨

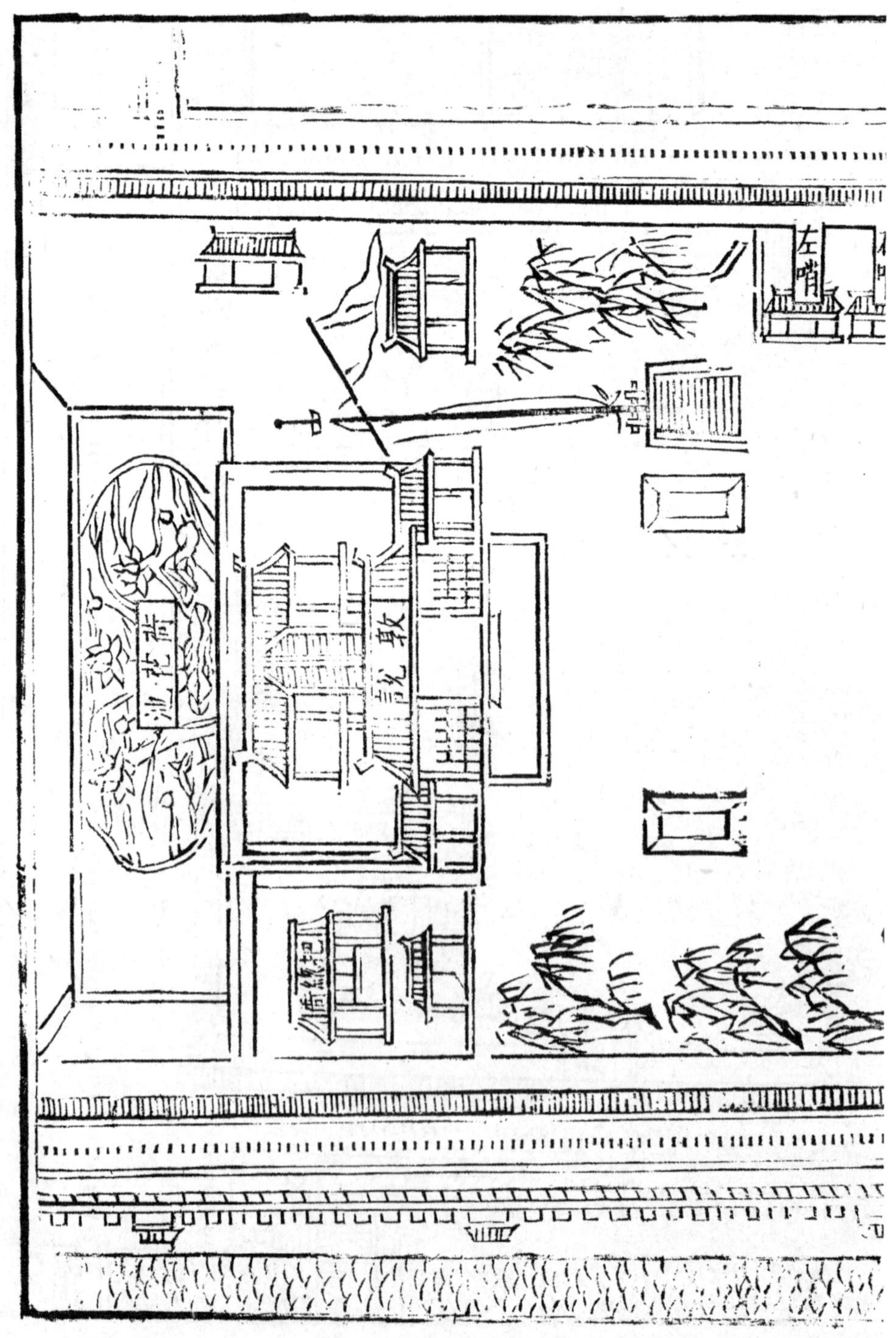
左哨
荷花池

紹興府志卷之二十三

武備志一

軍制　軍需　賞格　險要　教場

軍制　越軍制句踐時略可考始困會稽帶甲五千人及伐吳則習流二千俊士四萬君子六千諸御千人生聚教訓盛矣并吳後又有死士八千戈船三百艘蓋益以吳人也秦諸郡置材官漢伐東越會稽治樓船備糧食水戰具是時郡治在吳浙東從軍者其與有幾東京六代以後傳記益罕述嘉泰志所述唐府兵萬騎神策藩鎮五季侍衛馬步軍殿前軍亦甚略

矣然亦非隸越州者也宋越州禁廂之制頗具行伍焉其說曰禁軍猶曰京師之兵而廂軍則郡國所有雖衣糧有差降然皆選擇及歷歲久禁廂軍皆郡自募始猶自京師分遣壯卒爲募士之準謂之兵樣繼易以木挺木筞而兵樣不至矣禁軍教閱以備征戍廂軍給役而已禁軍有退惰者降爲廂軍謂之落廂自熈寧後置將官而禁軍又有係將不係將之别則禁軍亦分爲二焉朱梁時諸軍悉黥面識軍號五代至宋因之方募時先度人材次閱馳躍次試瞻視初舉手指問之而已其後又刻木作手加白堊舉以試

之然後黥面而給衣屨緡錢謂之招刺利物若或僭費罷募使軍士子弟失職或至於溢額冗濫者皆非也

諸路置馬步軍副都部署觀察使以上充兵馬部署及副部署皆橫班右武郎以上諸司使武翼大夫以上及刺史充都鈐轄諸司使充都監閤門祗候以上充其初亦有以文臣充者後乃專命武臣宣和三年詔兩浙東路鈐轄皆視三路選差時初平方臘也

元豐四年詔諸路團練結軍馬各置將副於東南置十二將浙東路第四各以兵隸之給虎符爲驗凡正副將皆選內殿崇班以上嘗歷戰陣親民者充之仍

許監司奏舉職制令將副訓練約束措置兵政軍情不便違法聽州縣長吏覺察以聞府將兵額三千人

正副將各一員

禁軍九營雄節係將第一指揮營在第五廂泰望門

熙寧二年置額五百人

威捷係將第二指揮營在第一廂都亭橋大觀二年

置額五百人

威果係將第念二指揮營在第四廂鯉魚橋東宣和

五年十一月置先是四年二月詔增置戍將至是下

江浙諸州各置威果全捷各兩指揮隸侍衛步軍司

太守翟汝文置營於此額五百人
威果係將第念三指揮營在第三廂水溝坊南宣和五年置額五百人
全捷係將第四指揮營在第五廂秦望門宣和五年十一月置節鎮兩指揮以威果全捷爲名餘州一指揮並以威果爲名隸殿前司額五百人
全節係將第五指揮營在第三廂水溝坊南額五百人
威果不係將第五十四指揮營在第五廂卧龍坊宣和五年置額五百人

全捷不係將第十三指揮營在第五廂秦望門宣和五年置額五百人

防守步軍司指揮在攢宮禁圍外紹興二年以後置永祐陵二百五十五人永思陵八十五人永阜陵八十五人永崇陵七十八人寧宗以後諸陵亦應各置有軍今無考

廂軍七營崇節第七指揮在第五廂秦望門熙寧二年置額五百人

崇節第八指揮在第一廂錢武肅王廟東熙寧二年置額五百人

壯城指揮在第一廂北善法寺側熙寧元年詔江浙

兵官選少壯廂軍堪習武藝人充依例教閱量留重役以備使令額四百人宣和格壯城指揮帥府三百人節鎮二百人餘州一百人

牢城寧節第二指揮在第一廂馬坊橋東熙寧四年詔敘廂軍名額自騎射至牢城二百三十三色額二百五十人

屯駐營在第五廂附威果營先係海州兵養老紹興初置額二十人

作院指揮熙寧六年置

剩員指揮

堰營八營都泗堰營在會稽縣東額二十五人

曹娥堰營在會稽縣東南

梁湖堰營在上虞縣西額五十人

錢清南堰營在山陰縣西

錢清北堰營在蕭山縣東額五十人

打竹索營在上虞縣東

通明堰營在上虞縣東額二十五人

西興捍江營在蕭山縣西額二百人

土軍十三寨三江寨額一百八十二人屬山陰

曹娥寨額八十人屬會稽

龕山寨額一百三十二人
西興寨額一百三十二人
西興都巡寨額一百三十八人
魚浦寨額四十八人
新林寨額一百人以上俱屬蕭山
管界寨額一百人
紫巖寨額一百人以上屬諸暨
廟山寨額一百人
三山寨額一百人
眉山寨額二百人以上屬餘姚

長樂寨額二百人屬嵊

弓手山陰會稽俱九十五人蕭山上虞俱七十人諸暨一百十三人餘姚一百人嵊九十八人新昌六十七人

教閱之法有二一曰營法二曰陣法所謂營法者六軍營索四十有八前軍赤後軍黑左軍青右軍白左虞候黃右虞候綠經索五百尺圍索二百尺街索五十尺定營工二十四人內十二人掌經索圍索各一又十二人掌經索街索各一並以木杙自隨子壕砦六人執隨營索色旗一木椎一都壕砦一人掌營盤

一椎一杙一黄天王旗一據營地中然後于壕砦乃分執其事設幙布車浚壕立柵所謂陣法者其別有六一曰方陣四鼓舉白旗則爲之二曰圜陣五鼓舉黄旗則爲之三曰曲陣一鼓舉黑旗則爲之四曰直陣三鼓舉青旗則爲之五曰鋭陣一鼓舉赤旗則爲之六曰五陣互變視大將黄旗周麾則爲之此教閱之大畧也大將之誓辭則曰今與將士同習戰陣明視旗麾審聽金鼓出入分合坐作進退不如令者軍有常刑自承平以來帥守入教埸多帽帶皂衫如古輕裘緩帶之意亦或巾幘戰袍犀玉束帶略與將士

同服以示臨戎與常日不同各一說也然自副總管以下名位雖高皆持挺趨庭以軍禮見

皇明紹興府設三衛五所隸浙江都指揮使司仍總轄於左軍都督府此禁軍例也而各衛所復有帶管及召募名色廂軍例也弓手領於巡檢司堰營土寨鮮焉規模與宋不相遠衛五千六百人所一千一百二十人合之得二萬二千四百人後革餘姚千戶所則減一千一百二十人而帶管召募之數各衛所多寡不一其軍始調自南北從征者繼乃抽台温等處民四丁之一以充伍焉指揮郡將也千戶則營將百

戶鎮撫隊將大務取防海居常則用以弭寇賊民既出食食軍則守本業率妻孥戮力他無預矣承平久無所事軍江南諸省率用以轉漕捨及持櫓浙雖有海備亦半漕焉憂國者或謂東南士卒罷於轉漕殆非也余曩爲職方主事嘗攝入衛班軍班軍數萬人自正德來俱作役司空度匠作日白金五分歲可省冬官六七十萬金若以還營則爲隊而已矣入衛者習爲工或不具兵器聞輸作則便聞營操乃顧不甚稱便也晉人有言曰巧於用短兵亦宜然故九邊軍亦大率用輸作而揣其鋒於家丁築城垣治器械功

灼灼矣廪糧月給不虚耳司空城旦猶司農篙師也何謂罷乎衛軍既驕悍没者又以死事録功有司憚用之正德中王晋溪本兵乃起民兵之議令民壯快手捕盜等名色是也是亦廂軍類也而沿海則多用義烏兵先是嘉靖中金衢比郡有礦賊踰山抵義烏義烏鄉兵擊勝之斬數魁其技以長槍勝鄉人私相傳稍得兵法自兹遠近競募南至閩廣北至薊咸義烏兵故惡少子弟不習為耕則習為兵美食好衣以待募義烏人大患之而往昔兵法武乃廢不知徒自皮於婺州也衛家説曰故者不挑補逃者不清勾軍

政何賴然額粮固省矣今俗呼衛者曰軍而募者曰兵兵禦敵而軍坐守兵重軍輕軍借衛於兵壯軍乃復充兵其變勢也不以漕將何之乎石曼卿以建鄉兵顯名至或用之捍敵則笑曰此得吾麤也不若募敢行者餘姚江南兵自具食無適帥却賊於後清橋謝生軍勇敢五百人聲赫赫四馳竟敗死衛人與自衛異雖精猶麤矣况驅市人而戰者乎故曰麤也兵日增軍日損兵日驕軍日懦此無足患者患異日之兵復如軍耳義烏之待募者可覩矣邇稍裁餉遂有壬午二月之變而汛時恐鈌需則每每以海艘傳羽

書令人耳目驚也兵不戰不利戰又下策不忘戰之術蓋難言哉余述紹興軍制因檢臨山諸衛志及籌海編海防考具其沿革大略酌夫籌策冗懦化爲精強而黠夷遠避鋒矣分數宜明紀律須嚴總之尤在擇將

紹興衛指揮十五員鎮撫二員千戶十六員百戶三十三員額軍五千六百名今見在軍并餘丁共三千三百六十一名

三江所千戶五員百戶十五員鎮撫一員額軍一千三百五十二名實在三百八十名餘丁四百七十八名

臨山衛指揮十七員鎮撫二員千戶十八員百戶四

十三員所鎮撫十一員額軍五千六百名帶管二百名召募三百五十五名

三山所千戶五員百戶九員所鎮撫一員額軍一千一百二十名帶管一百名召募一百三名

瀝海所千戶一員百戶八員鎮撫二員額軍一千一百二十名帶管一百名召募一百五名

觀海衛指揮一十八員千戶一十七員百戶五十員所鎮撫十員額軍五千七百四名

龍山所千戶五員百戶十員所鎮撫一員額軍一千二百六十三名

民兵山陰民兵一百二十二名會稽二百八十八名
蕭山四百名諸暨一百四十名餘姚一百三十五名
上虞四百名嵊四百名新昌八十名
弓兵三江巡檢司三十六名白洋三十二名黄家堰
三十四名漁浦三十名眉山三十四名三山三十四
名廟山三十四名梁湖一十二名
鄉兵蕭山縣嘉靖三十五年知縣魏堂增置在城西
興龕山長山凡四處有千長在城西興長山各一人
有百長在城六人西興四人長山三人龕山二人有
伍長副長在城各二十四人西興各十六人長山各

十二人龕山各十人衆兵在城六百人西興四百人長山二百九十人龕山二百四十人

嘉靖初巡視海道副使駐省城廵歷全浙沿海二十三年移駐台州二十七年改駐寧波三十年後地方多事分守叅議駐紹興尋改副使整勅兵備稱兵廵道隆慶二年以海道兼理寧紹兵備紹興仍以叅議分守

先年浙江沿海原設總督備倭都司一員考選把總指揮四員統轄衛所而分定臨觀爲一總嘉靖三十八年分守定海總臨觀總全浙共六總三十一年添

設叅將一員駐定海分守寧紹等處三十四年賊破臨山衛則添設總兵官一員駐臨山三十五年移總兵駐定海而叅將駐臨山專統陸兵三十六年六把總俱授以都指揮體統行事隆慶二年叅將改駐舟山專統水兵以定海遊兵把總調臨山領陸兵萬曆十二年裁革陸兵把總俱屬臨觀把總統轄駐臨山

臨觀備倭把總一員部下書記二名健步二名家丁二名軍吹鼓手四名總哨官一員哨官二員各家丁一名捕盜一十六名耆民四名隊長八名正舵工二十名副舵工八名兵六百一十九名軍兵二百一十

七名福船四隻蒼船四隻漁船八隻沙船四隻叭喇唬船八隻網船六隻每至防汛時分三哨本總親統臨游哨哨官二員分領左哨後哨

臨游哨 沙船四隻漁船四隻唬船四隻網船二隻内民捕者舵兵二百六十名軍兵五十七名汛期泊烈表港遊哨漁山兩頭洞并臨觀一帶海洋遇警往來應援截剿仍與浙西海寧總下兵船會哨汛畢與左後二哨兵船俱收泊定海關

左哨 福船二隻草撇船二隻沙船二隻唬船五隻網船二隻民捕者舵兵二百五十六名軍兵八十一名汛期泊烈表港東哨馬墓漁山東霍兩頭洞海洋與定海總馬墓哨兵船會哨西哨西霍山并臨觀一帶海洋與浙西海寧總下兵船會哨

後哨 福船二隻蒼船一隻草撇船一隻沙船二隻唬船五隻網船二隻民捕者舵兵二百五十五名

軍兵七十九名汛期泊烈表港東哨漁山馬墓東霍兩頭洞海洋與定海總下馬墓哨兵船會哨西哨至西霍山并臨觀一带海洋與浙西海寧總下兵船會哨

陸兵三總左民右募中軍今改右為前每總總哨官一員哨官五員隊長十五名什長四十五名兵四百二名書記醫生高招手大纛手各一名徤步二名巡視旗手二名吹鼓手六名五方旗手五名并把總下戰馬一匹哨官下各家丁一名共四百九十三員名匹軍兵多四十八名共五百四十一員名匹又中軍書記一名徤步二名軍旗鼓手三十五名

前營平將屯劄臨山衛操練防守遇警往來截剿汛期分發二哨防守觀海衛巡哨古窰東山平原

吳山等處與軍門督發防守龍山所官兵會哨又分二哨防守三山所巡哨勝山蔡山徐家路等處與防守臨山衛官兵會哨又分一哨協守臨山衛巡哨周家路泗門烏盆趙巷夏蓋山荷花池等處與防守瀝海所官兵會哨

左營平時屯劄紹興府城操練防守遇警往來截剿汛期分發防守三江所東哨宋家漊蟶浦等處與防守瀝海所官兵會哨西哨龕山等處地方

中營平時屯劄臨山衛操練防守遇警往來截剿汛期分發一哨協守觀海衛又分一哨協守三山所二哨防守臨山衛巡哨周家路泗門夏蓋山等處一帶沿海地方又分一哨防守瀝海所巡哨槎浦西海塘蟶浦西匯嘴等處與防守三江所官兵會哨

兵部尚書譚公綸昔爲海道副使嘗建議云衛所官軍既不能殺賊又不足自守往往歸罪於行伍空虛

徒存尺籍似矣然浙中如寧紹台温諸沿海衛所環城之内並無一民相雜廬舍鱗集豈非衛所之人乎顧家道殷實者往往納充吏承其次賂官出外爲商其次業藝其次投兵其次役占其次搬演雜劇其次識字通同該伍放回附近原籍歲收常例其次舍人皆不操守即此八項居十之半且皆精鋭至於補伍食糧則反爲疲癃殘疾老弱不堪之輩軍伍不振戰守無資弊皆坐此至於逃亡故絶此特其一節耳今可委賢能有司同該把總官往各衛所督同掌印等官不必論其伍分先核城中街巷計有若干每街每

巷共有門面若干戶分格眼紙一張諭令自開房屋幾間男婦幾口某係精壯某係老弱至於斧竈床鋪若干亦俱實開貼於大門上乃各委官持簿籍領各伍官旗沿街履戶逐一面詰該管官旗有無隱漏弁執結明白然後比對戶口文冊庶幾可得十之七八於是取其見在人數通行挑選精壯者存留食糧老弱不堪者通行革退即以戶丁精壯餘丁選補如果在營故絕無丁者除本省地方照舊行勾外其他省人民屢勾無解者不必駕言單勾即查照近例嚴選別戶精壯餘丁補伍至於充納吏承違例役占者通

行禁止其賣放逃出外行商業藝投兵搬戲及隱容在籍收取常例等項俱責令該管官旗及家屬人等免其前罪通行勒限招回一體選補務使食糧者皆精銳之士無復以老弱充數不食糧者照依保甲之法編定守城如百姓守城之例不得以無糧籍口該管守旗招徠補充至五分以上即量行奬賞其有仍前縱容賣放者掌印及諸伍官旗聽各道從實查參輕則問罪降級重則綁解軍門治以軍法如此庶軍政可肅戰守有人不至臨時紛紛請兵矣

自嘉靖三十一年以來兩浙召募陸兵不下十萬近

年漸次汰減選取民壯弓兵正軍抵用在紹興募兵民壯軍兵各一總臨觀總留用民捕耆船兵五百二十四名加添軍兵二百三十九名并原用軍兵一百二十一名萬曆二年加復臨觀總民兵一百四十三名今查總數不甚合倭亂之後民財竭矣減兵而選軍蓋取足於正例原在食糧之額雖加至一石比之全給兵餉者已省矣乃日久弊生虛數逃亡餘兵寅緣補役月給之儲與民兵無異且強悍難制是以又有僉民之議云

訓練之法臨觀一總水兵每春防汛畢六月中兵船

收港七八兩月留舵稍守船俱聽把總督同哨官在定海衛教場至九月初上船防遇小汛十一月中起至來年正月止俱在定海關水寨同定海總三日一次訓練臨山營陸兵每年汛期調發沿海防守聽把總督同衛所官與寧波兵合營訓練汛畢回營遇三六九日臨山把總自行訓練水兵長技軍火互用如賊船離遠則以鳥銃百子銃發貢爲先賊船逼近則以長鎗鏢箭籐牌爲便分派器械泊守本境遇擊與陸兵齊操陸兵長技長短相濟中哨三隊俱習鳥銃每什以二人習刀牌二人習狼筅四人習長鎗二人

習鈎鎌短鎗暇時俱習弓弩如鳥銃衝陣則刀牌手護之刀牌手衝陣則長鎗手護之弓弩鎗鎌手衝陣則狼筅手護之兵制之常經也

哨探之規各區官兵分撥小哨叭喇唬網船輪流遠出外洋往來哨邏仍與隣近兵船交相會哨烽堠撥軍瞭望遇有警急通行飛報其出哨者撫臺有單汛兵皆會哨取單憲司仍刋刷哨符發各總照依派定處所給符往來會哨交符俱塡發日到日時刻汛畢檢核不許近洋交單其沿海烽堠臺寨置立循環哨籌每日南北各遞發一籌彼此循環毋分雨夜逐墩

遞送傳報有無聲息責令陸路官置簿登記遞遞到籌號姓名日時每五日類驛飛報各將領皆親督兵船出洋哨探遇賊船經由信地即從實飛報某處賊船幾隻大約賊有幾何傳報鄰境分投防禦應援即懸督官兵相機夾勦其遠哨兵船見賊即報不拘定信地其虛張聲勢及望風輕報者覈實治罪若賊在洋搶擄而隱匿不報者處以軍法

軍需

衛所軍糧舊規以額設與充發者俱謂正軍各照差支糧本例頂補絕軍者乃謂例軍不論差役輕重月止支糧五斗其隨差操舍餘餘丁舊例並不支糧近因海防多事始議將舍餘餘丁輳與正例軍一體照差造支隆慶元年十一月又議定規則凡正例軍人舍餘餘丁點撥運糧常川月支

八斗點撥出海弁捏充水陸兵者常川月支一石運軍減存與出海汛畢各依例扣糧捏料貼駕軍汛期取用月支一石汛畢寄操月支六斗望十者照出海名色造支其餘正差烽堠墩臺陸路瞭監軍俱春汛二三四五月各支八斗小汛與餘月通支六斗巡捕隨操吹鼓手火藥匠看守軍器監禁衛所廳公館分司演武廳中軍樓馬政軍守附近各寨軍兵各常川月支六斗窰軍巡塩軍俱月支八斗局匠軍上工者月支八斗辦料者月支六斗各官例用軍伴照舊不支各革職迷失官遺下正支舍人已經勘明者不分差役重輕有無妻小俱月支一石未勘明者照舍餘例不支糧又總小旗已併鎗者雖撥輕差亦准月支八斗未併鎗者照軍支糧又操備正軍月支六斗例軍月支五斗已上各差旗軍除出海捏充水陸兵者及巡鹽運糧窰局外其餘若係正例軍與問發永遠軍但有妻小或雖無妻小而有祖父母伯叔兄弟隨住者准照全支隻身者支四斗五升係問發終身軍照例有妻者支五斗無妻者支三斗老幼正軍果無壯丁依倚者月支三斗有依倚者並不准支精壯正例軍舍餘丁存留衛所習俱發操弁輪班防守門鋪

聽撥短差若係正例軍准照操備支糧係舍餘餘丁不許另以操守門鋪爲名冒支候有警調用之日方許計日支米一升五合四年又選各軍協駕兵船仍議加厚優恤常月給米一石汛月加行糧四斗伍升隊長又月加銀一錢編充陸兵者常月給米一石汛月隊長外加工食銀一錢什長五分

紹興三衛四所官軍俸糧每年共八萬六百九十三石一斗

水陸兵餉備倭把總日支銀一錢七分名色官旗牌把總總哨官日支銀一錢二分哨副舵工督陣官并各船捕盜耆民舵工日支銀六分支銀五日支銀五分叭喇唬船隊長六箇月汛月日四分什分常月日支銀四分五釐陸兵隊長日支銀三分長日支銀三分五釐陸兵與各營書記日支健步雜水兵六箇月汛期支銀三分常月支銀二分水兵每流等役戰馬各日支銀二分五釐萬曆二年隊長當年加銀一兩八錢常川日支銀三分叭喇唬前零賞川日支銀五分又各官廩給及心紅紙筆軍兩統兵

備倭把總每年三十
把總每年二十四兩

紹興府額餉銀每年共一萬二千九百二十七兩六錢七分田銀一萬八千九百七十二兩七錢四分四釐地銀一千八百三十五兩七錢四分六釐山銀二千一百一十九兩一錢八分

充餉銀每年共一萬六千三百九十七兩一錢一分冗役銀一百一十八兩皂隸銀五百三十一兩解戶銀四百五兩預備秋米銀八千八百九十二兩二錢六分屬倉餘米折銀六千三百五十兩八錢五分以上山田地内銀留一萬一千二百二十一兩二錢本府屬倉歲餘省米銀二千九百四十八兩四錢扣存本府聽給水陸官兵支用撥餘田地山銀一萬一千七百六兩四錢七分預備秋米銀三千七百三十二兩五錢八分歲餘省米銀三千四百二兩四錢五分冗役銀一百一十八兩皂隸銀五百二十一兩解戶銀四百五兩俱解寧波府協濟餉用餘剩預備秋米

銀五千一百五十九兩六錢八分解布政司聽給標兵支用

沿海漁稅永樂間以漁人引倭爲患禁片帆寸板不許下海後以小民衣食所賴遂稍寬禁嘉靖三十年後倭患起復禁革三十五年總督胡宗憲以海禁太嚴生理日促轉而從盜奏令漁船自備器械排甲互保無事爲漁有警則調取同兵船兼布防守先是巡鹽御史董威題定漁船各立一甲頭管束仍量船大小納稅給與由帖方許買鹽下海捕魚所得鹽稅以十分爲率五分起解運司五分存留該府聽候支用每年三月以裏黃魚生發之時各納稅銀許其結䑸

出洋捕魚至五月各令回港萬曆二年巡撫都御史方弘静復題令編立䑸綱紀甲弁立哨長管束不許攙前落後仍撥兵船數隻選慣海官員統領于漁船下綱處巡邏遇賊即勦說者曰海民生理半年生計在田半年生計在海故稻不收者謂之田荒魚不收者謂之海荒其淡水門海洋乃產黄魚之淵藪也每年小滿前後正風汛之時兩浙漁船出海捕魚者動以千計其於風濤則使習也器械則鋒利也格鬭則敢勇也驅而用之亦足以捍敵緝而税之尤足以餽軍向乃疑其勾引而厲禁之遂使民不聊生潛逸而

從盜矣故緝名以稽其出入領旗以辨其真僞納稅以徵其課程結䑸以連其犄角而又抽取官兵以爲之聲援不惟聽其自便爲生且資其捍禦矣豈其取給於區區之稅以助軍興之萬一耶

漁船監稅則例大雙桅船每隻納船稅銀四兩二錢漁稅銀三兩鹽稅銀六錢旗銀三錢中雙桅船每隻納船稅銀二兩八錢漁稅銀二兩鹽稅銀四錢旗銀二錢单桅船每隻納船稅銀一兩六錢八分漁稅銀一兩二錢鹽稅銀二錢四分旗銀一錢尖船對桅船每隻納船稅銀一兩一錢二分漁稅銀八錢鹽稅銀一錢六分旗銀八分厰艍船每隻納船稅銀七錢漁稅銀五錢鹽稅銀一錢旗銀五分近港不捕黄魚止捕魚蝦柴鹿艚網小船每隻納船稅銀三錢鹽稅銀六分旗銀一錢河條溪船每隻納船稅銀三錢漁稅銀三錢鹽稅銀二錢四分旗銀三分採捕墨魚紫菜泥螺等項海味對桅尖船每隻納船稅銀一兩一錢二分鹽稅銀一錢六分厰艍船

每隻納船稅銀七錢鹽稅銀一錢河條溪船每隻編船稅銀二錢鹽稅銀六分隆慶六年巡鹽張公更化又題加稅大雙桅每隻連前共納銀二兩四錢中雙桅每隻一兩二錢单桅六錢尖梢四錢八分廠艎舡三錢六分與河船二錢四分對桅船四錢八分

紹興府漁稅銀每年共五百五十兩內四百兩製辦軍火器械一百五十兩犒賞臨山臨觀二總官兵并出海隨哨官軍及汛期添調防守官兵之用

官窑磚瓦先年衛所各有官窑撥軍數十名取土採薪燒造磚瓦如遇城鋪小損即隨時修砌止計木灰倩匠工食之費其法甚善後因軍士凋耗遂行停止少有損壞輒申請委官估計文移往復經年以致日漸傾頹及至呈允撮買見成磚瓦聊為搪塞三十二

年海道議行嚴查各衛所窑地基址每衛撥正軍二十名所十名專在窑燒造燒完磚瓦刊寫年分做造姓名運回本衛門收貯遇城垛損壞即呈請修葺每年燒青磚一千塊瓦二千片

紹興三衛四所磚每年共

瓦每年共

賞格　隆慶四年例願陞者一擒斬真倭首級幾名顆查係真正其功委難例應世襲一擒斬真倭首級幾名顆功係稍易止終本身願賞者一擒斬真倭從賊首級查係真正其功委難每名顆賞銀五十兩一擒斬真倭從賊首級及漢人脅從首級功係稍易每名顆介賞銀二十兩　隆慶六年例各衛指揮千百戶獲倭船一艘及賊者陞一級賞銀五十兩鈔五十錠在船軍士生擒殺獲倭

賊一人者賞銀五十兩陸地交戰生擒殺獲一人者賞銀二十兩水陸主客官軍民快人等臨陣擒斬有名真倭賊首一名顆者陞實授三級不願陞者賞銀一百五十兩獲真倭從賊一名顆并陣亡者陞實授一級不願陞者賞銀五十兩獲漢人脅從賊一名顆陞授署一級不願陞者賞銀二十兩反賊功次内地反賊一人擒斬六名顆陞一級至十八名顆陞三級願係壯男實授幼男婦女與十九名顆以上并不及數者俱給賞流賊一人爲首一人爲從二人就陣擒斬有名劇賊一名顆爲首者陞實授一級世襲如不願陞者賞銀三十兩爲從者給賞就陣擒斬以次劇賊一名顆爲首者授署一級世襲不願陞者賞銀十兩爲從者量賞就陣擒斬從賊三名顆爲首者陞實授一級世襲不願陞者賞銀十五兩爲從給賞緝獲者不在此例就陣擒斬從賊一名顆爲首者賞銀五兩二名顆爲首者賞銀十兩爲從者俱止量賞緝獲者不在此例前項功次一人自擒斬不分首從者照前陞賞六名顆以上至九名顆者止陞實授二級世襲不願陞者賞銀二十兩不及六名顆者除實授一級外扣筭共賞銀一人爲首者二人或三人四五人

俱爲從共斬賊一名顆者不必分別首從共賞銀五兩均分陣亡者陞實授一級世襲如不願陞者賞銀十兩重傷回營身故者陞署一級如不願陞者賞銀七兩一人獨斬隨從賊人十五六歲小首級一名顆者量賞二名顆者給賞三名顆者加賞當先破敵被傷者給賞其不係臨陣緝捕從賊一名顆者賞銀四兩二名顆者賞銀八兩三名顆者賞銀一十二兩四名顆者陞實授一級世襲不賞一人爲首或二人三四五人爲從緝獲從賊一名顆者賞銀四兩不分首從均分

說者曰剿倭之策海易陸難然水戰又以犂沈賊船爲上計縛賊次之陸戰以摧鋒陷陣爲上計斬獲次之惟重水戰之賞則賊不得登岸邊民不知有兵四境晏然矣此海防要策也

險要　紹興衛駐府城中

餘姚千户所駐餘姚城中洪武二十年湯將軍和奏置者也餘姚東界寧波而海潮自定海來抵新壩止多巨姓強族人材衆貨力富實海濱重鎮方氏據慶元郡時蓋以其弟鎮餘姚帥府遺跡存焉湯將軍之設兵有意哉有意哉正統六年邑人金壇教諭李應吉謂餘姚内地兵可去也奏從之悍軍恒擾居民既徙也城中人稱便焉暨後倭患作時徂餘姚餘姚乃若無兵矣於是僉事羅拱辰副使許東望先後移節來拓前司地居之而議建江南城也又擬設一通判駐江南使此時而創銷兵之議本兵爲具覆否也不

爲國家謀將然持久遠筭而徙以滿百齒保目所見
左矣志戰必危愼之哉
山陰柯橋西去府城三十里水汗漫多支流陂深堰
曲難以屯兵利主不利客
三江閘北去府三十八里山會蕭賴此蓄水宜防守
古博嶺西南去府城四十五里與諸暨楓橋接壤
國初胡將軍大海克諸暨自茲路來戡越郡嘉靖三
十三年倭夷擾山陰亦由楓橋進山間寇盜俱由此
入境舊有楓橋巡檢司今基址尚在似宜復設
抱姑堰西去府城五十二里上連鏡湖下接小江

會稽曹娥埭東去府城九十二里江水湍急隔斷兩岸逼江而營利守不利戰

石堰東去府城三里諸水之會可駐兵衛城

駐日嶺西南去府城八十里諸暨界元末裘廷舉聚鄉兵處

邢浦晉孫恩破謝琰軍處不知何地大約去娥江不遠

蕭山西興鎮西去縣城十里逼錢塘江險宋時有寨

黨旗嶺南去縣城六十里昔鄉兵樹旗拒寇處

城山西去縣城九里越王句踐嘗保此

新林鋪東去縣二十里宋時有寨

黄嶺巖下貞女三鎮西南去縣一百里唐劉漢宏嘗分兵據守錢鏐擊破之因置守焉錢俶納土乃罷

諸暨長清西南去縣城五十里元時有關

陽塘西去縣城五十里元時有關

湖頭鋪南去縣城五十里元時有巡檢司

管界東去縣城八十里唐宋有寨

五指巖西南去縣城六十五里　國初李將軍文忠築新城拒謝再興

餘姚李家閘東南去縣城三十里是四明東門元時

有廵檢司

梁弄西南去縣城四十里人烟湊集亦一巨鎮是西

明西口

筆竹嶺西稍南去縣城三十里與上虞接境

上虞梁湖西去縣城三十里是曹娥江東岸

百官渡西南去縣城四十里亦隣於江唐時舊縣址

縻家山東南去縣城四十五里元時有廵檢司當三

縣界地甚僻

佛跡山西北去縣城四十里宋元有寨

智果店東北去縣城十五里

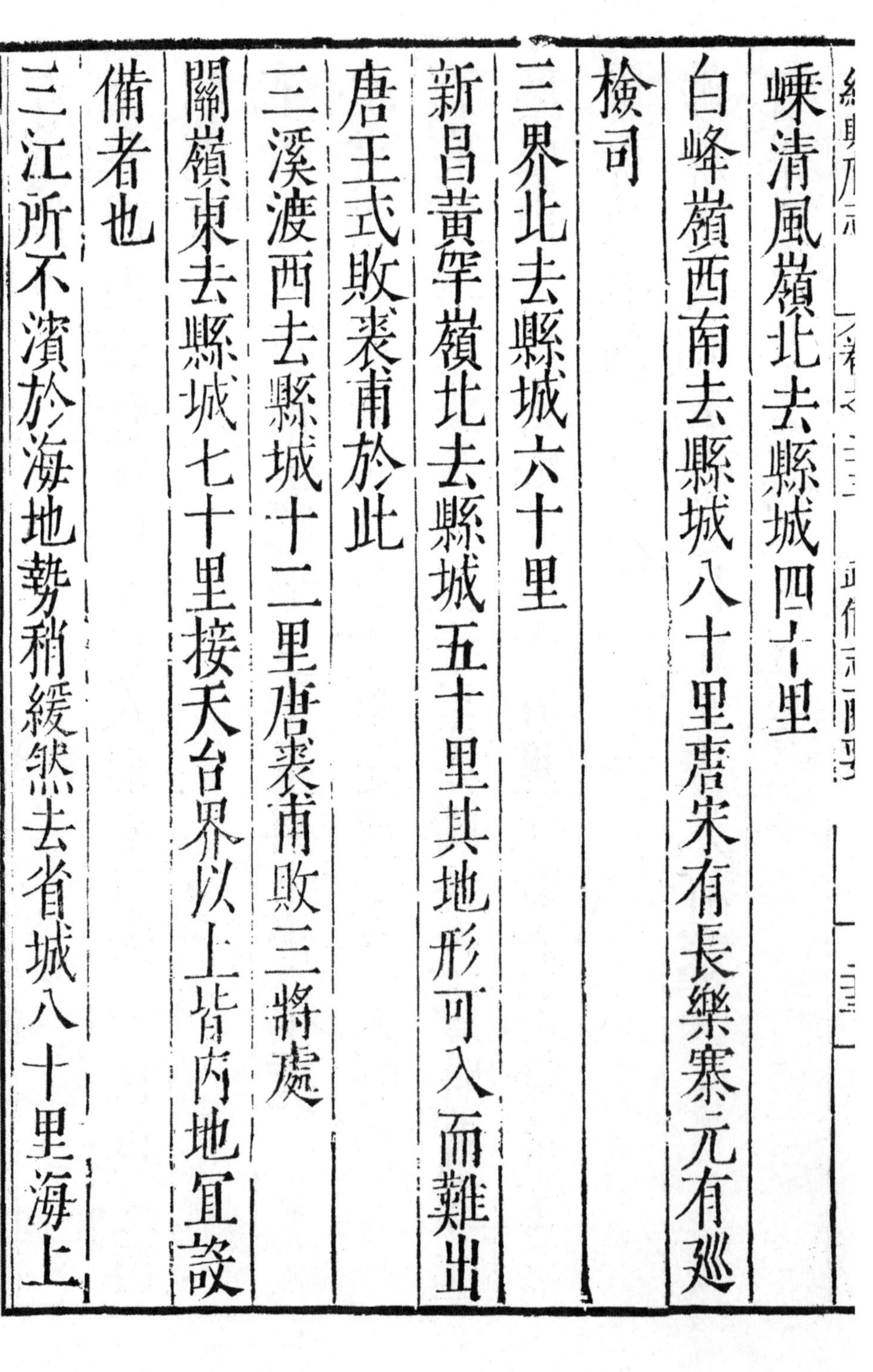

嵊清風嶺北去縣城四十里

白峰嶺西南去縣城八十里唐宋有長樂寨元有巡

檢司

三界北去縣城六十里

新昌黃罕嶺北去縣城五十里其地形可入而難出

唐王式敗裘甫於此

三溪渡西去縣城十二里唐裘甫敗三將處

關嶺東去縣城七十里接天台界以上皆內地宜設

備者也

三江所不濱於海地勢稍緩然去省城八十里海上

有警烽火於此通焉嘉靖三十五年倭寇突犯攻城我兵敵退

臨山衛坐當衝要東接三山西扼瀝海嘉靖三十二年倭賊攻陷

瀝海所東衛臨山西捍黄家堰

三山所界於臨觀之間東西策應

觀海衛三山爲右翼龍山爲左翼居中節制應援地屬慈谿而轄於紹興犬牙勢也不欲以全險與寧波也

龍山所北對金山蘇州大洋東對烈港伏龍山獨臨

海際去所僅十里乃賊船往來必由之路臨觀一總之咽喉也封守慎固省城安枕而卧矣地屬定海嘉靖三十四五年間倭賊屢登犯

金家嶴丘家洋連界東對烈港海洋北望洋山三姑大洋嘉靖三十六年倭船盤據月餘爲我兵所捷若突艘裏由鴈門嶺鳳浦湖一帶至慈溪縣直抵寧波府極爲險要今汛期撥標兵分哨若漁船下海捕魚則輪撥臨觀兵船一枝繫泊瀰滸海洋盤詰奸細

關隘四三江所一曰大閘關

觀海衛三曰丈亭關曰長溪關曰柱湖關

隘六臨山衛三曰泗門隘曰烏盆隘曰化龍隘
三山所一曰眉山隘
瀝海所二曰施湖隘曰四滙隘舊以二處海水衝激
夷船易泊特立寨委官一員旗軍五十名守之今廢
敵臺四三江所一曰蒙池山敵臺
臨山衛一曰羅家山敵臺
瀝海所一曰西海塘敵臺
龍山所一曰龍山敵臺
烽堠三十七三江所六曰航烏山烽堠曰馬鞍山烽
堠曰烏烽山烽堠曰宋家溇烽堠曰周家墩烽堠曰

桑盆烽堠

臨山衛九曰趙奧烽堠曰烏盆烽堠曰廟前烽堠曰荷花池烽堠曰方家路烽堠曰道塘烽堠曰周家路烽堠曰四門烽堠曰夏蓋山烽堠

瀝海所三曰槎浦烽堠曰胡家池烽堠曰槤樹烽堠

三山所八曰歷山烽堠曰眉山烽堠曰徐家路烽堠曰撮嶼烽堠曰勝山烽堠曰蔡山烽堠曰吳山烽堠曰滸山烽堠

觀海衛六曰向頭烽堠曰瓜誓烽堠曰西隴川烽堠曰新浦烽堠曰古窐烽堠曰西隴尾烽堠

龍山所五曰龍頭烽堠曰龍尾烽堠曰石塘烽堠曰青溪烽堠曰施公山烽堠

寨一蕭山縣曰龕山寨扼錢塘江下流寔郡西臂嘉靖三十二年賊登犯三十四年復殲賊於此彼時嘗置寨焉有委官一員軍一百名守之今裁革

廠一曰礦山廠以上皆海岍宜設備者也沿海烽堠臺寨專司傳報警息瞭軍每墩五名臺十名寨二十名器械除各軍自備外每墩硫口銃二手銃二銅鑼一起火九大白旗一草架三每架高一丈餘四面各濶一丈去地二尺用木橫閣上用稻草苫蓋如屋形分架三處多積柴草牛馬糞瞭賊入港登岍晝則車白旗放銃夜則放起火陰霾望旗不見燒草屋一架鄰墩不接又放一架瀕接乃止其近賊頭墩仍差人由便路到本衛所并陸路官兵處報賊多寡登犯時日情由

港七曰三江港港口深闊外通大洋甚爲險要賊船若泊宋家漊突入腹裏從陡門一帶海塘可抵郡城越港而北爲浙西赭山乃省城第一關鎖也

臨山港切近衛城直衝大海倭船屢犯見設舟師屯守西哨浙西澉乍二浦東哨觀海龍山如遇臨觀海洋有警馳報烈港兵船合䑸截剿

泗門港爲餘姚東北之咽喉襟帶越港而北爲浙西澉浦最隘要處嘉靖三十五年倭舶由東北烈港來突犯

勝山港港深而廣倭船可乘潮以入嘉靖三十五年

由此登卮三山所官兵敵退近議築臺港口又建墩臺於山上

古窐港爲慈谿之咽喉北對乍浦東接伏龍西連平石是極險之處嘉靖三十五年賊船盤據突犯慈谿

烈港所係甚大蓋賊船之入臨觀也非由澉乍則由烈港是爲臨觀之門户先年議設三江堙浦臨山勝山古窐五港以衛臨觀後因各港砂硬水淺難泊船遂止今總在此港出哨

清溪港由此可入金家嶴

浦四日金墪浦爲定海慈谿相界之地北連大海西

連伏龍山賊船由東北來必由此繫泊嘉靖三十八年賊登犯

蟶浦北對浙西石墩南至紹興府城逼連大海若突腹裹由沿江塘路至百官梁湖直抵上虞兵船哨守不可一日少緩

松浦在古窪東

堰浦在古窪西

門二曰蛟門直觀海衛

鱉子門直蕭山縣

口一曰獅子口直龕山寨

嘴一曰西滙嘴在黃家堰嘉靖三十二年賊登犯

漊一曰宋家漊在三江港東嘉靖三十五年賊登犯

海中山六曰西霍山黃山勝山長横山扁樵山毬山

礁二曰筊杯礁柴排礁

石一曰平石以上皆海港及海洋宜設備者也

胡宗憲籌海圖說曰倭之入寇也隨風所之東北風多則至烏沙門分䑸或過韭山海閘門而犯溫州或由舟山之南經大猫洋入金塘蛟門犯定海由東西厨入湖頭渡犯象山奉化入石浦明犯昌國入桃渚海門松門諸港犯台州正東風多則至李西嶴壁下

陳錢分鯮或由洋山之南過漁陽山兩頭洞三姑山入蟶浦犯紹興之臨山三山過霍山洋五島列表平石犯龍山觀海過大小衢徐山入鼈子門楮山犯錢塘薄省城由洋山之北過馬跡潭而西犯青村南滙大抵倭船之來恒在清明之後前乎此風候不常難準定清明後方多東北風且積久不變過五月風自南來不利於行矣重陽後風亦有東北者過十月風自西北來亦非所利故防海者以三四五月爲大汛九十月爲小汛其帆檣所向一視乎風有備者勝

教場 府教場自晉以來並在五雲門外唐遷城西迎

恩門外今謂之右教場宋時有大小二所小教場在臥龍山上嘉定十五年守汪綱以其狹隘命以作院地創築前建臺門繚以墻垣中爲堂曰雄武自元以來已非故處大教場在府署東南五里一百五十步稽山門內　皇明洪武初遷於府署西南一里三十步常禧門內有演武堂前築將臺其地曠衍可二百畝歲久爲軍民侵牟散漫無考嘉靖二十三年御史舒公汀按節觀兵始正規制築四圍墻東西深二百四十一弓官廳前南北横廣九十一弓西盡墻南北横廣五十弓總八十五畝有奇

山陰會稽同府教場

蕭山舊在湘湖�山下嘉靖中知縣魏堂徙於便民倉北

諸暨在縣東三里許浣江邊

餘姚在武勝門内西北隅不知創自何時已而廢爲田居民倪澄王伯孚等業其中嘉靖九年討詢舊址復以田爲教場而以半山新湖田給償之

上虞舊在縣西七十步居民侵爲業今改在縣東按察分司傍

嵊在東門外半里許

新昌舊在北鎮廟前隆慶六年知縣謝廷試徙北門外萬曆初田埴復增拓之

各衛所教場紹興衛同府三江所在南門内臨山衛在東門外半里三山所在城北瀝海所在北門外觀海衛在西門外龍山所在東門外

戰船 浙江沿海先年原有戰船五百四十八隻内有四百料用軍一百名二百料用軍七十五名八櫓風快銅斗高把梢十槳用軍五十名風快用軍二十名等項名色俱於衛所食糧旗軍内選駕後因駕哨不便損鈌不修補嘉靖三十一年來臨觀改募蒼山平底船一百二隻嘉靖三

十五年又調廣東烏尾横江大船一百八十隻分撥浙直海洋哨禦後臨觀總又議定福蒼沙漁叭喇唬船二十八隻内細数見前俱係私造給稅福船以鈔尺自面梁爲界每尺稅銀一分蒼船二十四兩沙船并鐵頭漁船十九兩小漁船十六兩小哨船梁頭一丈以上者十二兩八九尺者九兩五錢叭喇唬船四兩每年共該給銀六百五十五兩四錢又閏月銀三十三兩五錢將紹興府額徵民六戰船料銀五百二十六兩五錢并臨觀二衛軍兵扣抵戰船糧銀及各總造船停支稅銀轉給舊例三年小修六年重修九年拆造今改爲一年二年燀洗三年輕修四年重修五年拆造私稅兵船每年出海防過大汛不准借稅倶令該晋捕盗自修出防小汛回闗福船拆造限六十日行府量借稅銀三十两重修限四十日量借稅銀一十五两輕修限三十日不准借稅蒼沙漁船拆造限五十日蒼船借稅二十两沙漁船借稅一十五

兩重修限三十日蒼船借税十兩沙漁船借税八
輕修限二十日蒼沙漁船俱不准借税小哨叭喇唬
船折造限二十五日小哨船借税五兩叭喇唬借與
年給税銀三兩重修限十五日輕修限十日不准借
税其口糧捕盜耆民隊長照舊全支造修限内將舵
工暫改支給兵糧帮工拆造福船與帮工民兵五名
軍兵五名蒼漁船各民兵四名軍兵四名沙船民兵
三名軍兵三名小哨船民兵二名軍兵二名叭喇唬
船原無軍兵貼駕止准民兵二名其餘民兵薪水俱
行停止不給其重修輕修止准捕盜耆民隊長口糧
一名餘兵俱行住支不准帮工之例各船税銀自揔
船上塢之日住扣所借税銀限一年之内扣還船若
過限不完捕兵口糧俟日住支船完
出水開支過限正月十五日齊完　說者曰探哨莫
便於刀舸衝犂必資於樓艦福船形勢巍峩望若丘
山建大將之旗鼓風行瀚海撲賊艇如鷹鸇此海防
第一法也然而轉折艱難非順風潮莫動或造作脆

薄又苦颶浪難支惟利淺小洋耳若小哨叭喇唬之類則追勦便捷易於趨利故好事材官遂爲小船當增大船當減且云於料作爲省豈知小船止利於零賊之追捕而不利於大舉之仰攻豈可因噎廢食耶

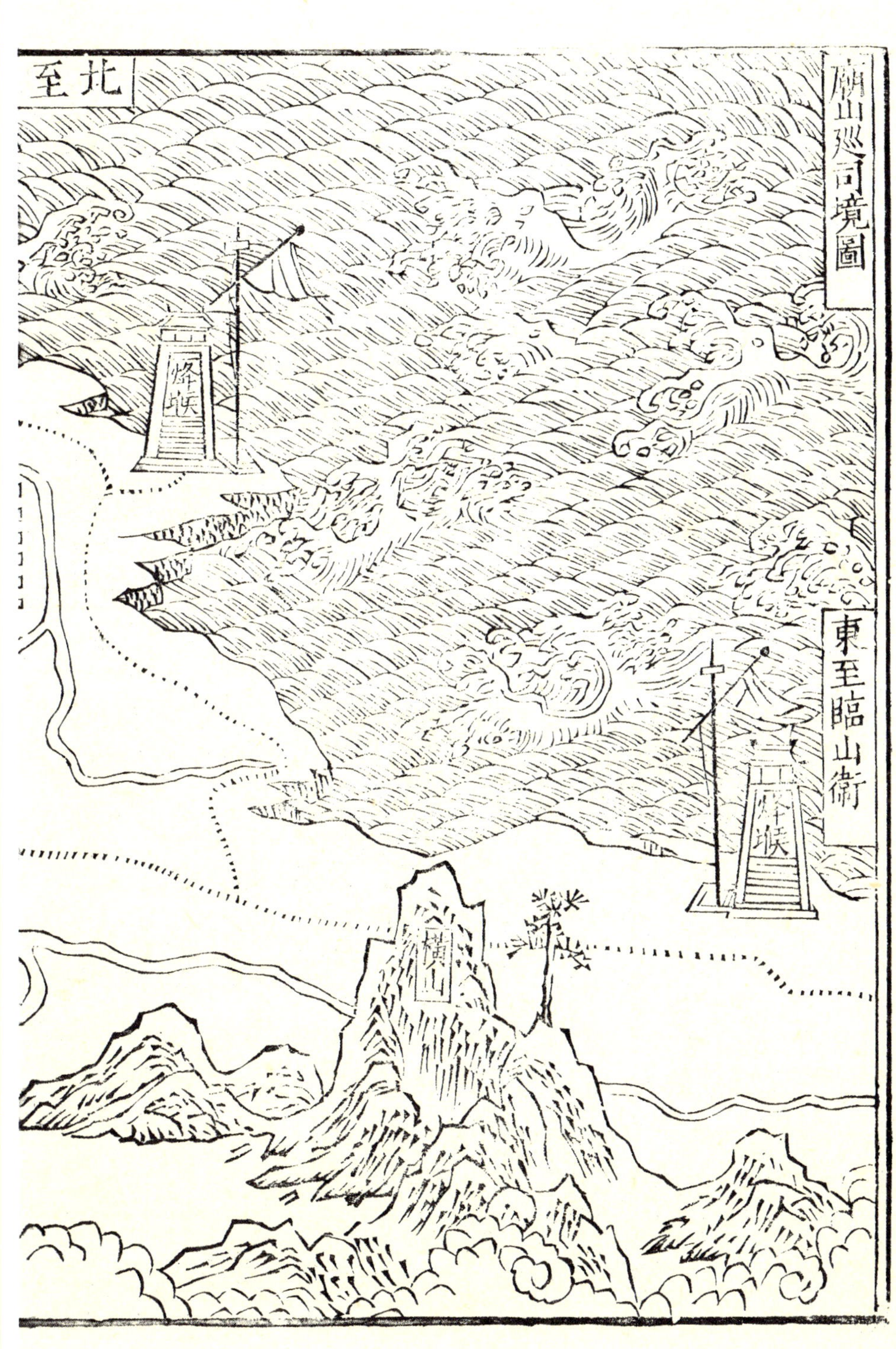
北至
廟山巡司境圖
烽堠
東至臨山衛
烽堠
橫山

大海
烽堠
廟山廵司
伏龍山
西至夏盖湖

600471

紹興府志卷之二十四

武備志二

列國　寇賊　僭據　兵變　金虜　倭夷

列國　越王句踐元年吳王闔廬聞允常死乃興師伐越越王禦之陳于檇李句踐患吳之整也使死士再禽焉不動使罪人三行屬劍於頸而辭曰二君有治臣奸旗鼓不敏於君之行前不敢逃刑敢歸死遂自剄也師屬之目因而襲之大敗吳師靈姑浮以戈擊闔廬闔廬傷將指取其一屨還卒於陘去檇李七里三年句踐聞吳王夫差且報越欲先未發往伐之范

蠡諫不聽遂興師吳王聞之悉發精兵擊越敗之夫椒遂入越越王乃以甲楯五千棲於會稽之上用范蠡計使大夫種因太宰嚭以行成於吳曰請士女女於士大夫女女於大夫隨之以國家之重器請委管籥屬國家以身隨之惟君王制之若以越之罪爲不可赦也將焚宗廟係妻孥沈金玉於江有帶甲五千人將以致死乃必有偶是以帶甲萬人事君也無乃即傷君王之所愛乎與其殺是人也寧其得此國也孰利吳王欲許之伍胥諫曰不可有吳無越有越無吳弗聽胥退曰越十年生聚十年教訓二十年之外

吳其爲沼乎三月吳許越平而去之十三年越王問范蠡曰水戰則乘舟陸行則乘輿輿舟之利頓於兵弩今子爲寡人謀事莫不謬者乎蠡對曰行陣隊伍軍鼓之事吉凶決在其工今越有處女出於南林國人稱善王乃使使聘之問以劍戟之術女曰凡手戰之道内實精神外示安儀見之似好婦奪之似懼虎布形候氣與神俱往杳之若日偏如滕兔追形逐影光若彷彿呼吸往來不及法禁縱横逆順直不復聞斯道者一人當百百人當萬王乃命五板之墮長高習之教軍士當世莫能勝越女之劍於是范蠡復進

善射者陳音王問曰願子一二其辭音曰弩生於弓弓生於彈彈起古之孝子不忍見父母爲禽獸所食以彈彈去之也王曰弩之狀何法焉音曰郭爲方城教爲人君牙爲執法牛爲中將關爲守禦錡爲侍從臂爲道路弓爲將軍弦爲軍師矢爲飛客金爲實敵衛爲副使又爲受教縹爲都尉敵爲百死夫射之道身若戴板頭若激卵左蹉右足橫左手若附枝右手若抱兒舉弩望敵翕心咽煙與氣俱發得其和平神定思去去止分離右手發機左手不知夫射之道從分望敵合以參連弩有斗石矢有輕重石取一兩其

數乃平遠近高下求之銖分王曰善乃使陳音教士習射於北郊之外三月軍士皆能用弓弩之巧二十一年七月越王大戒師將伐吳乃召五大夫曰敢訪諸大夫問戰奚以而可皆以情告無阿孤大夫舌庸乃進對曰審賞則可以戰乎王曰聖大夫苦成進對曰審罰則可以戰乎王曰猛大夫種進對曰審物則可以戰乎王曰辯大夫蠡進對曰審備則可以戰乎王曰巧大夫臯如進對曰審聲則可以戰乎王曰可矣王乃命有司大令於國曰苟任戎者皆造於國門之外王乃令於國曰國人欲告者来告告孤不審將

爲戮不利過及五日必審之過五日道將不行王乃入命夫人王背屏夫人向屏王曰自今日之後內政無出外政無入內中辱者則是子吾見子於此止矣王出夫人送不出屏乃闔門填之以土去笄側席而坐不掃王背檐而立大夫向檐王曰食土不均地之不修則是子自今日之後內政無出外政無入吾見子於此止矣王出大夫送不出檐闔門填之以土側席而坐不掃王乃之壇列鼓而行之至於軍斬有罪者以徇曰莫如此以環瑱通相問也明日徙舍斬有罪者以徇曰莫如此不從其伍之令明日徙舍斬有

罪者以徇曰莫如此不用王命明日徙舍至於禦兒斬有罪者以徇曰莫如此淫逸不可禁也王乃命有司大徇於軍曰有父母耆老而無昆弟者以告王親命之曰我有大事子有父母耆老而子爲我死子之父母將轉於溝壑子爲我禮已重矣子歸而没而父母之世後若有事吾與子圖之明日徇於軍曰有兄弟四五人皆在此者以告王親命之曰我有大事子昆弟四五人皆在此事若不捷則是盡也擇子之所欲歸者一人明日徇於軍曰有眩瞀之疾者告王親命之曰我有大事子有眩瞀之疾其歸已後有事與

子圖之明日狥於軍曰筋力不足以勝甲兵志行不足以聽命者歸莫告明日遷軍接和斬有罪者以狥曰莫如此志行不果於是人有致死之心王乃命有司大狥於軍曰謂二三子歸而不歸處而不處進而不進退而不退左而不左右而不右身斬妻子鬻於是吳王起師軍于江北越王軍于江南越王乃中分其師以爲左右軍以其私卒君子六千人爲中軍明日將舟戰於江及昏乃令左軍銜枚泝江五里以須亦令右軍銜枚踰江五里以須夜中乃令左軍右軍涉江鳴鼓中水以須吳師聞之大駭曰越人分爲二

師將以夾攻我師乃不待旦亦中分其師將以禦越越王乃令其中軍銜枚潛涉不鼓不譟以襲攻之吳師大北越之左軍右軍乃遂涉而從之又大敗之於没又郊敗之三戰三北乃至于吳越師遂入吳吳使人行成越王不許夫差遂自殺

寇賊 漢靈帝熹平元年會稽妖賊許昌起於句章自稱陽明皇帝與其子韶扇動諸縣衆以萬數以其父爲越王人謂之許生國家遣楊州刺史臧旻丹陽太守陳寅討之三年六月吳郡司馬富春孫堅募召精勇得千餘人與州郡合討破之

獻帝時賀齊爲郡吏守剡長縣吏斯從輕俠爲姦齊欲治之主簿諫曰從縣大族山越所附今日治之明日寇至齊聞大怒便立斬從從族黨遂相糾合衆千餘人舉兵攻縣齊率吏民開城門突擊大破之威震山越

晉孝武帝時瑯琊人孫恩世奉五斗米道叔父泰師事錢唐杜子恭傳其秘術浮狡有小才愚者敬之如神嘗行鬱林太守稍遷輔國將軍新安太守泰見天下兵起以爲晉祚將終乃扇動百姓私習徒衆三吳士庶多從之會稽内史謝輶發其謀會稽王道子誅

之恩逃于海衆聞泰死惑之皆謂蟬蛻登仙故就海中供給恩恩聚合亡命得百餘人志欲復讐安帝隆安三年自海中來攻上虞殺縣令因襲會稽内史王凝之亦事五斗米道及恩至城下凝之不爲備方入請室請禱曰鬼兵相助賊自破矣城壞遂爲恩所害恩有衆數萬於是會稽謝鍼吴郡陸瓌吴興丘尫義興許允之臨海周胄永嘉張永及東陽新安等凡八郡一時俱起殺長吏以應之旬日之中衆數十萬於是恩據會稽自號征東將軍號其黨曰長生人宣語令誅殺異巳有不同者戮及嬰孩由是死者十七八

畿內諸縣處處蜂起朝廷震懼內外戒嚴遣衛將軍
謝琰鎮北將軍劉牢之討之並轉鬭而前吳會承平
久人不習戰又無器械故所在多被破亡諸賊皆燒
倉廩焚邑屋刊木堙井虜掠財貨相率聚于會稽其
婦女有嬰累不能去者囊簏盛嬰兒投于水而告之
曰賀汝先登仙堂我隨後就汝初恩聞八郡響應告
其屬曰天下無復事矣當與諸君朝服而至建康既
聞牢之臨江復曰我割浙江不失作句踐也尋知牢
之已濟江乃曰孤不羞走矣乃虜男女二十餘萬口
一時逃入海懼官軍之躡乃緣道多棄寶物子女時

東土殷實莫不粲麗盈目牢之等遽於收斂故恩復得逃海朝廷以謝琰爲會稽内史都督五都軍事率徐州文武戍海浦琰司馬高素破恩黨于山陰陸瓌丘尫等皆伏誅四年恩復入餘姚破上虞進至邢浦琰遣參軍劉宣之距破之恩退縮少日復寇邢浦官軍失利恩乘勝至會稽謝琰出戰兵敗爲帳下張猛所殺朝廷大震遣寇軍將軍桓不才輔國將軍孫無終寧朔將軍高雅之擊之雅之與恩戰于餘姚敗走山陰死者十七八詔以劉牢之都督會稽等五郡帥衆擊恩恩走入海牢之東屯上虞吳國内史袁山松

築扈瀆壘緣海備恩五年恩趨海鹽劉裕破之恩轉寇扈瀆害袁山松自後屢入寇皆不在越或逼京口向京師陷廣陵皆爲劉裕所敗元興元年入寇臨海太守辛景討破之恩窮蹙乃赴海自沉妖黨及妓妾謂之水仙投水從死者百數餘旋復推恩妹夫盧循爲主自恩初入海所虜男女之口其後戰死及自溺并流離被傳賣者至恩死時裁數千人存而恩攻没謝琰袁山松陷廣陵前後數十戰亦殺百姓數萬人

齊永明三年富陽唐寓之刼諸暨縣令凌琚之棄城走

唐寶應元年台州賊袁晁等攻陷浙東諸州改元寶勝民疲於賦斂者多歸之往來剡邑李光弼遣部將張伯義破之於衢州誅袁晁

咸通元年浙東賊裘甫等攻陷象山官軍屢敗明州城門晝閉進逼剡縣有衆百人浙東騷動觀察使鄭祗德遣討擊副使劉勍副將范居植將兵三百合台州軍共討之正月乙卯浙東軍與甫戰於桐柏觀前范居植死劉勍僅以身免乙丑甫率其徒千餘人陷剡縣開府庫募壯士衆至數千人越州大恐時二浙久安人不習戰甲兵朽鈍見卒不滿三百鄭祗德更

募新卒以益之軍吏受賂率皆得孱弱者祇德遣牙将沈君縱副将張公署望海鎮将李珪将新卒五百擊裘甫二月辛卯與甫戰于剡西賊設伏于三溪之南而陳于三溪之北壅溪上流使可涉既戰陽敗走官軍追之半涉決壅水大至官軍大敗三将皆死官軍幾盡於是山海諸盜及他道無賴亡命之徒四面雲集衆至三萬分爲三十二隊其小帥有謀畧者推劉暀勇力推劉慶劉從簡群盜皆遥通書幣求屬麾下甫自稱天下都知兵馬使改元羅平鑄印曰天平大聚資糧購良工治器械聲震中原鄭祇德累次告

急且求救于鄭道浙西遣牙將凌茂貞將四百人宣歙遣牙將白琮將三百人赴之祇德始令屯郭門及東小江尋復召還府中以自衛祇德饋之比度支常饋多十三倍而宣潤將士猶以爲不足宣潤將士請土軍爲導以與賊戰諸將或稱病或陽墜馬其肯行者必先邀職級竟不果遣賊遊騎至平水東小江城中士民儲舟裹糧夜坐待旦各謀逃潰朝廷知祇德懦怯議選武將代之夏侯孜曰浙東山海幽阻可以計取難以力攻西班中無可語者前安南都護王式雖儒家子在安南威服華夷名聞遠近可任也諸相

皆以爲然遂以式爲浙東觀察使徵袛德爲賓客三月辛亥朔式入對上問以討賊方畧對曰但得兵賊必可破有宦官侍側曰發兵所費甚大式曰臣爲國家惜費則不然兵多賊速破其費省矣若兵少不能勝賊延引歲月賊勢益張江淮群盜將蜂起應之國家用度盡仰江淮若阻絶不通則上自九廟下及十軍皆無以供給其費豈可勝計哉上顧宦官曰當與之兵乃詔發忠武義成淮南等諸道兵授之甫分兵掠衢婺州婺州押牙房郅散將樓曾衢州守將方景深將兵拒險賊不得入又分兵掠明州明州之民相

與謀曰賊若入城妻子皆爲葅醢況財貨能保之乎乃自相帥出財募勇士治器械樹柵浚溝斷橋爲固守之備賊又遣兵掠台州破唐興已巳甫自將萬餘人掠上虞焚之癸酉入餘姚殺丞尉東破慈谿入奉化抵寧海殺其令而擄之分兵圍象山所過俘其少壯餘老弱者蹂踐殺之及王式除書下浙東人心稍安裘甫方與其徒飲酒聞之不樂劉暀歎曰有如此之衆而策畫未定良可惜也今朝廷遣王中丞將兵來聞其人智勇無敵不四十日必至兵馬使宜急引兵取越州馮城郭據府庫遣兵五千守西陵循浙江

築壘以拒之大集舟艦得間則長驅進取浙西過大江掠揚州貨財以自實還修石頭城而守之宣歙江西必有嚮應者遣劉從簡以萬人循海而南襲取福建如此則國家貢賦之地盡入於我矣但恐子孫不能守耳終吾身保無憂也甫曰醉矣明日議之暀以甫不用其言怒陽醉而出有進士王輅在賊中賊客之輅說甫曰如劉副使之謀乃孫權所爲也彼乘天下大亂故能據有江東今中國無事此功未易成也不如擁衆據險自守陸耕海漁急則逃入海島此萬全策也甫畏式猶豫未決夏四月式行至京口義成

軍不整式欲斬其將久乃釋之自是軍所過若無人至西陵甫遣使請降式曰是必無降心直欲窺吾所爲且欲使吾驕怠耳乃謂使者曰甫面縛以來當免而死乙未式入越州既交政爲鄭祗德置酒曰式主軍政不可以飲監軍但與衆賓盡醉迨夜繼以燭曰式在此賊安能妨人樂飲丙申餞祗德于遠郊復樂飲而歸於是始修軍令告饋餉不足者息矣稱疾臥家者起矣先求遷職者默矣賊别帥洪師簡許會能帥所部降式曰汝降是也當立效以自異使帥其徒爲前鋒與賊戰有功乃奏以官先是賊諜入越州軍

吏匿而飲食之文武将吏往往潛與賊通求城破之日免死及全妻子或詐引賊将來降實窺虛實城中密謀屏語賊皆知之式陰察知悉捕索斬之刑将吏尤横猾者嚴門禁無驗者不得出入警夜周密賊始不知我所爲矣式命諸縣開倉廩以賑貧乏或曰賊未滅軍食方急不可散也式曰非汝所知官軍少騎卒式曰吐蕃回鶻比配江淮者其人習險阻便鞍馬可用也舉籍府中得驍健者百餘人虜久羈旅所部遇之無狀困餒甚式既犒飲又賙其父母妻子皆泣拜讙呼願效死悉以爲騎卒使騎将石宗本将之凡

在管内者皆視此籍之又奏得龍陂監馬二百疋於是騎兵足矣或請爲烽燧以詗賊遠近衆寡式笑而不應選懦卒使乘健馬少給之兵以爲候騎衆恠之不敢問於是閲諸營見卒及土團子弟得四千人使導軍分路討賊府下無守兵吏籍土團千人以補之乃命宣歙将白琮浙西将凌茂貞帥本軍北來将韓宗政等帥土團合千人石宗本帥騎兵爲前鋒自上虞趨奉化解象山之圍號東路軍又以義成将白琮建忠将游君楚淮南将萬璘帥本軍與台州唐興軍合號南路軍令之曰毋爭險易毋焚廬舍毋殺平民

以增首級平民脅從者募降之得賊金帛官無所問俘獲者皆越人也釋之癸卯南路軍拔賊沃洲寨甲辰拔新昌寨破賊將毛應天進抵唐典辛亥東路軍破賊將孫馬騎于寧海戊午南路軍大破賊將劉暀毛應天于唐典南谷斬應天先是式以兵少奏吏發忠武義成軍及請昭義軍詔從之三道兵至越州式命忠武將張茵將三百人屯唐典斷賊南出之道義成將高羅銳將三百人並以台州上軍徑趨寧海攻賊巢穴昭義將跌跌戮將四百人並東路軍斷賊入明州之道庚申南路軍大破賊于海游鎮賊入甬溪

洞戊辰官軍屯於洞口賊出洞戰又破之己巳高羅銳襲賊別帥劉平天寨破之自是諸軍與賊十九戰賊連敗劉暀謂南曰帰從吾諫入越州寧有此困耶王輅等進士數人在賊中皆衣綠暀悉收斬之曰亂我謀者此青蟲也高羅銳克寧海收其逃散之民得七千餘人式曰賊窘且饑必逃入海入海則歲月間未可擒也命羅銳軍海口以拒之又命望海鎮將雲思益浙西將王克容將水軍巡海澨思益等遇賊將劉從簡于寧海東賊不虞水軍遽至皆棄舡走山谷得其舡十七盡焚之式曰賊無所逃矣惟黃罕嶺可

入剡恨無兵以守之雖然亦成擒矣甫既失寧海乃帥其徒屯南陳館下衆尚萬餘人辛未東路軍破賊將孫馬騎于上畛村賊將王皐懼請降戊寅東路軍大破甫於南陳館斬首數千級賊委棄繒帛盈路以緩追者踐跌戮令士卒敢顧者斬毋敢犯者賊果自黃罕嶺遁去六月甲申復入剡諸軍失甫不知所在義成將張茵在唐興獲俘將苦之俘曰賊入剡矣苟捨我我請爲軍導從之茵後甫一日至剡壁其東南府中聞甫入剡復大恐式曰賊來就擒耳命趨東南兩路軍會於剡辛卯圍之賊城守甚堅攻之不能拔

諸将議絕溪水以渴之賊知之乃出戰三日凡八十三戰賊雖敗官軍亦疲賊請降諸将以白式式曰賊欲少休耳益謹備之功垂成矣賊果復出又三戰庚子夜甫及劉暀劉慶從百餘人出降遥與諸将語離城數十步官軍疾趨斷其後遂擒之壬寅甫等至越州式腰斬暀慶等二十餘人械甫送京師剡城猶未下諸将以擒甫不復設備劉從簡率壯士五百突圍走諸将追至大蘭山從簡據險自守秋七月丁巳諸将共攻克之台州刺史李師望募賊相捕斬之以自贖所降數百人得從簡首獻之諸将還越式大置酒

諸將乃請曰其等生長軍中久更行陳今年得從公破賊然私有所不諭者敢問公之始至軍食方急而遽散以賑貧乏何也式曰此易知耳賊聚穀以誘饑人吾給之食則彼不爲盜矣且諸縣無守兵賊至則倉穀適足資之耳又問不置烽燧何也式曰烽燧所以趨救兵也兵盡行城中無兵以繼之徒驚士民使自潰亂耳又問使懦卒爲候騎而少給兵何也式曰彼勇卒操利兵遇敵且不量力而鬭鬭死則賊至不知矣皆拜曰非所及也八月裘甫至京師斬于東市加王式檢校右散騎常侍諸將官賞各有差先是上

每以越盜爲憂夏侯孜曰王式才有餘不日告捷矣孜與式書曰公專以執裘甫爲事軍須細大此期悉力故式所奏求無不從由是能成其功

乾符二年黄巢爲亂入浙東開山路七百里鎮海節度使高駢遣其將張璘梁纘分道擊巢巢與浙東觀察使崔璆嶺南東道節度使李超書求天平節度使二人爲之奏聞朝廷不許宰相請除巢率府率從之巢得府率告身大怒詬執政即日攻陷廣州别將陷睦州婺州攻掠浙東是時錢鏐爲董昌偏將曰今鎮兵少而賊兵多難以力禦宜出奇兵邀之乃與勁卒

二十人伏山谷中巢先鋒度險皆單騎鏐伏弩射殺其將巢兵亂鏐引勁兵蹂之斬首數百級鏐曰此可一用耳若大衆至何可敵耶乃引兵趨八百里八百里者地名也告道傍媪曰後有問者告曰臨安兵屯八百里矣巢衆至媪如其語告之巢衆不知是地名皆曰嚮十餘卒尚不可敵況八百里屯兵乎乃引兵還

宋宣和二年冬睦州青溪縣民方臘起爲盜勢張甚及破杭州與越隔一水越大震官吏往往逋去知州事徽猷閣待制劉韐獨調兵築城固守令民富者出

財壯者出力士民皆奮已而盜益熾連陷衢婺二州入新昌縣焚民居殆盡邑人董公健率鄉兵禦之不勝以三年二月抵越城下衆數萬有酋渠絳衣散髮被重甲而進自號佛母指呼群盜蟻附攻城會有礮卒爲礮所激墮城中草積上不死具言賊中事翰麾衆出直攻其腹心破之禽佛母者賊遂大潰僵尸蔽野不敢復進明台溫賴越屏賊喉牙得以皆全方受圍時翰之子孜年二十四五出入兵間且討且戰得賊首躬視行刑於市色不變士卒恃以增氣初劉翰募民能得賊首一級賞錢二萬待制沈調時爲士

曹掾聞之遽見請以爲如是則小人規利或殺平人乞命必生擒乃給賞仍倍其數不閱日郡人俘數十輩以獻命沈覈其實其間附賊者財三四人乃請盡釋其餘劉幹從之自後凡有稱得賊者悉付沈辨驗全活殆數千人賊尋犯餘姚越帥劉述古敗之於南門橋時有毒蜂被野雲氣絕道寇駭益大敗

嘉泰四年冬有盜金十一者號鐵彈子聚衆剽掠不可制賊黨稍平謬傳其鬭死帥臣以聞已而復起白塔湖中尋伏誅

元至元二十六年二月婺寇楊震龍入新昌焚官舍

民居畧盡達魯花赤魯火思容及千戸崔武德拒戰于長潭敗績武德死之三月初六日賊唐仲寇安仁鄉思容與戰于五峯嶺斬獲甚衆而震龍餘黨復聚思容與戰於胡蘆畈又會嵊兵于東陽討平之招撫遺民兩縣以安

至正二十年三月婺寇馮輔卿陷新昌虔劉其民邑人董彦光率衆拒戰于松木嶺彦光兄弟皆死之

明正統十四年栝蒼盜陶德二爲逆諸暨縣城嚴棐大山居民乘時哨聚知縣張鉞討平之

僭據　唐中和元年石鏡鎮將董昌引兵入據杭州遣

將吏請于鎮海節度使周寶寶不能制表爲杭州刺史時臨海賊杜雄陷台州永嘉賊朱褒陷温州遂昌賊盧約陷處州浙東觀察使劉漢宏遣弟漢宥及馬步都虞候辛約將兵二萬營於西陵謀兼并浙西昌遣部將錢鏐拒之漢宥辛約皆走昌謂鏐曰汝能取越州吾以杭州授汝鏐曰然不取終爲後患遂將兵自諸暨趨平水鑿山開道五百里出曹娥埭浙東將鮑君福率衆降之鏐與浙東軍戰屢破之進屯豐山鏐克越州劉漢宏奔台州杜雄誘漢宏執送昌斬之詔進昌義勝軍節度使檢校尚書右僕射鎮越州以

鏐知杭州後累拜昌檢校太尉同中書門下平章事爵隴西郡王乾寧二年昌將稱帝節度副使黄碣會稽令吴鐐山陰令張遜皆不從昌盡殺之二月辛卯昌被衮冕登子城門樓即帝位悉陳瑞物於庭以示衆先是咸通末吴越間訛言山中有大鳥四目三足聲云羅平天册見者有殃民間多畫像以祀之及昌僭號曰此吾鸑鷟也乃自稱大越羅平國改元順天署城樓曰天册之樓令郡下謂已曰聖人以前杭州刺史李邈前婺州刺史蔣瓌兩浙鹽鐵副使杜郢前屯田郎中李瑜爲相又以吴瑶等皆爲翰林學士李

輈之等皆爲大將軍昌移書錢鏐告以權卽羅平國位以鏐爲兩浙都指揮使鏐遺昌書曰與其閉門作天子與九族百姓俱陷塗炭豈若開門作節度使終身富貴邪及今悛悔尚可及也昌不聽鏐乃將兵三萬詣越州城下至迎恩門見昌再拜言曰大王位兼將相柰何捨安就危鏐將兵此來以俟大王改過耳縱大王不自惜鄉里士民何罪隨大王族滅乎昌懼致犒軍錢二百萬執首謀者吳瑶及巫覡數人送於鏐且請待罪天子鏐引兵還以狀聞朝廷以昌有貢輸之勤今日所爲類得心疾詔釋其罪縱歸田里鏐

表昌僣逆不可赦請以本道兵討之詔削昌爵委鏐討昌淮南節度使楊行密遣寧國節度使田頵潤州團練使安仁義攻杭州鎮戍以救昌昌使湖州將徐淑會淮南將魏約共圍嘉興鏐遣武勇都指揮顧全武救嘉興破烏墩光福二寨二年二月用楊行密之請赦昌復其官爵顧全武等攻餘姚明州刺史黄晟遣兵助之昌遣其將徐昌救餘姚全武擊擒之昌使人覘鏐兵有言其強盛者輒怒斬之言兵疲食盡則賞之袁邠以餘姚降于鏐顧全武許再思進兵至越州城下昌身閲兵五雲門出金帛傾鏐衆全武等益

奮昌軍大潰遁去僞號復稱節度使全武四面攻未克會楊行密將臺濛取蘇州鏐召全武還全武曰賊根本在越今失一州而緩賊不可攻益急城中以口率錢雖簪珥皆輸軍昌從子真得士心昌信讒殺之衆始不用命又減戰糧欲犒外軍下愈怨反攻昌昌保子城鏐將駱團入見紿言奉詔迎公居臨安昌信之全武執昌還及西江斬之傳首京師夷其族

元至正八年方國珍起兵掠沿海州縣國珍一作谷珍台之黃巖人十一年降于元受官十二年復刼衆下海十三年復降元得徽州治中之命仍疑懼觀望

元復以國珍爲海漕萬戸弟國瑋爲衢州總管國珍雖受元官實擁兵自固遂據温台慶元等路十八年侵據餘姚上虞以曹娥江爲界十九年三月我　太祖遣典籤劉辰招之國珍奉書幣以三郡來獻秋國珍築餘姚城十二月元以國珍爲江浙行省平章政事國珍復受之二十五年進淮南行省左丞相二十六年又改江浙行省左丞相封衢國公弟國瑉及子明善俱平章政事國珍益驕陰持二端　上再遣使招之國珍云俟大軍克杭州即納土及杭州平國珍自據如故猶自海道輸粟元都二十七年　國家既

克張士誠乃命湯和吳禎率常州長興宜興江淮諸軍討之禎引舟師乘潮入曹娥江夷壩通道出其不意上虞餘姚降大軍抵車廄　上又命朱亮祖別攻下台温國珍惶懼奉表乞降湯和遣使送至南京赦不誅三郡悉平

兵變宋建炎二年秋八月一日夜半杭州第三將下卒陳通林永誘次勝萬全歸遠龍騎指揮嬰城叛因守臣葉夢得等殺將官田均明日外沙巡檢司越州西興鎮沿江巡檢司皆以變狀來告又明日杭州司録范正已適在城外亦來告知越州翟汝文聞之乃

出次躬治兵凡禁旅弓手保甲七千有奇命副總管高棟分部伍知山陰縣王鎬集芻糧又分遣官屬至所部六州益發兵汝文遂禡祭牙神出師次西興耀兵江上遣人齎旗榜入杭州城開示禍福又奏乞并將浙西諸州兵滅賊有保甲於綝獨身兵先登死之汝文親作文祭之慷慨流涕於是士皆思奮汝文乃先作擒賊露布會朝廷以節制付浙西提點刑獄高士曈周格格爲賊誘殺士曈亦遁去惟浙東之師不少挫賊凛然知懼城中吏民及寓居士大夫悉賴以全十二月御營使司都統制王淵遂平杭州汝文以

不能成功降顯謨閣直學士然陳通初叛包藏不軌之志陰遣姦人結台州仙居天台縣魔賊俞道越州新昌縣魔賊盛端才董閏約同日起事汝文設方畧悉捕誅之以故無應者

三年十一月丙申命朝奉郎中書門下省檢正諸房公事傅崧卿帶本職爲浙東防遏使行至衢州有任士安將下潰兵近萬人其爲首者曰成皐等五人號五朶花方圍婺州崧卿單騎晝夜疾馳至其營未旦朝服趨入叱責之徐諭以禍福皐等皆俯伏曰惟公命崧卿乃爲具奏皆命以官而納其兵於麾下會得

報有統制官關濟者乘虜委會稽去乃以李鄴降虜爲邦人之罪由五雲門入楊言將屠城脅而求財殺掠縱橫崧卿乃先遣防遏司統制侯延慶步汝霖及成皋等師師馳入會稽崧卿以中軍繼至關濟窘蹙乃與腹心跳登蕺山絕頂以弓弩自衛其徒閉開元寺堅守俄攻下之文俘關濟於蕺山崧卿數其罪斬於開元寺之西由是一府皆安崧卿亦就除知越州兼浙東安撫使方是時李參政光以書勉崧卿曰公今大權在手可以有爲非如曩日短檠相對扼腕夜語時也蓋平日常相期以忠義云

金虜 宋建炎三年冬十月金兀术自建康犯臨安聞帝在明州遣阿里及蒲盧渾師精騎四千渡浙江追之知越州李鄴以城降衛士唐琦以巨磚擊虜將琶八不中爲所執死之阿里蒲盧渾遂破東關兵濟曹娥江時車駕駐餘姚縣令李頴士張疑兵禦之帝如明州虜火餘姚令丞皆奔節級周珉殺縣武尉居其家虜犯明州敗劉統制保於高橋楊沂中及知明州劉洪道復殊死戰破之金使來召我人至砦計事張俊命小校往金人與語欲我入越州請降俊拒之清野自守四年正月張俊劉洪道敗金人阿里蒲盧渾

退屯餘姚遣人請師於兀朮兀朮使當海濟師遂入明州追帝至章安提領海舟張公裕擊却之兀朮及阿里蒲盧渾俱北歸餘姚令丞歸視事斬周珉

倭夷即日本漢武帝時始通中國入貢其後或貢或否元世祖時嘗遣師十萬征之俱覆没　皇明洪武初嘗入貢十六年　詔絶其貢永樂後仍入貢亦間入寇正德四年日本國遣宋素卿入貢或云素卿乃鄞人朱縞鬻于夷在彼國稱我宗室爲人傾險輔庶奪嫡遂大有寵至是充使來貢重賄太監劉瑾蔽覆其事此禍端也嘉靖二年四月定海關夷舡三隻譯

傳西海道大内誼興國遣使宗設謙入貢越數日又
至夷舡一隻復稱南海道細川高國遣使入貢其使
即素卿也導至寧波江下市舶太監賴恩私素卿重
賄坐之宗設之上又貢舡後至先與盤發宗設怒遂
相讐殺宗設黨追逐素卿過餘姚知縣丘養浩率民
兵禦之被傷數人經上虞莫之敢攖直抵紹興府城
東問巷男婦盡驚號府衛官僚問計於王新建守仁
新建曰若得殺手數百可盡擒之今無一卒圖擒難
矣但可自固守耳月餘不能入素卿匿於城西之青
田湖宗設求之不獲退泊於寧波港指揮袁進邀之

敗績賊攻定海城不克遂出海備倭都指揮劉錦追擊於海洋復敗没賊舡揚揚然去已而被風漂一艘於朝鮮朝鮮王李懌擒其帥中林望古多羅械致京師先是素卿已下浙江按察司獄遂下浙江並勘訊焉久之皆死於獄十九年閩人李光頭歙人許棟逸福建獄入海引倭結巢於霩衢之雙嶼港出没諸番海上屢驚焉二十七年巡視都御史朱公紈遣都指揮盧鏜等擣雙嶼巢四月擒李光頭焚其營房戰艦六月又擒許棟賊淵藪空焉而歙人王直收其餘黨爲亂三十一年叩定海關求市不許遂移巢烈港官

兵襲之移馬蹟潭三十二年四月賊蕭顯自平湖來參將湯克寬邀擊於鱉子門破之是月乙未賊陷臨山衛巳亥參將俞大猷破走之八月賊林碧川等自崇明修船爲歸計都御史王公忬度其必入浙預令都指揮劉恩至指揮張四維百戸鄧城分爲二哨一自觀海臨山趨乍浦遏其來一自長塗沈家門設伏邀其去賊果南遁官兵與遇於普陀臨江海洋敗之十二月賊寇瀝海所城千戸張應奎百戸王守正張永俱死之三十三年正月蕭顯敗於松江南奔入浙鎮撫彭應時禦之敗死賊進至海鹽之二十里亭參

將盧鏜追擊敗之賊由楮山遁走止屯三江歷曹娥瀝海餘姚挫於龍山圍於定海困於慈谿盧鏜及劉恩至張四維潘亨分道夾擊大敗之斬蕭顯九月林碧川沈南山等率衆自楊哥入掠浙東蕭山臨山瀝海上虞十月寇觀海衛十一月賊自仙居向諸暨居民悉逃賛畫周述學謂知縣徐櫆曰諸暨人強族衆令雖逃不遠公下令則鄉夫可集兩關有兵賊不犯矣櫆然之即步往東關時天已暮惟一老人來謁櫆令諭居民衆遂至千餘裂衣為旗拆籬舉火鳴金鼓發火砲喊聲大震令南關亦如之是夜二更賊至見

有備遂由山徑入山陰境至府城南城内不知莫爲備常禧門尚開賊登跨湖橋覘見城堞高聳疑不敢入乃往柯橋遇鄉民姚長子貫其肘使爲導長子紿之西而密謂鄉人曰俟賊過某橋若等急毁之我死不恨遂陷賊於化人壇四面皆水總兵俞大猷會稽典史吴成器各率兵奮擊悉剿之斬首二百餘級賊竟殺長子三十四年四月松浦賊自錢倉白沙灣抄掠寧海趨樟村百戸葉紳劉夢祥韓綱俱死之遂至上虞東門外燒居民房屋渡江遇御史鄞人錢鯨殺之至皋埠兵備副使許東望知府劉錫典史吴成器

各率兵圍之至夜賊乘兵倦遁走五月楊哥賊犯餘姚省祭官杜槐率鄉兵禦之斬首一人從賊三十二人槐力竭死既而賊犯鳴鶴場盧鏜擊敗之淞浦賊寇爵溪所不克進寇餘姚初餘姚後清門外有橋甚雄壯鄉士夫以賊將來議毀之人猶二三巳竟拆焉壓沒十餘人怨詈盈道後三日賊至適潮漲甚不能渡望洋而歎江南鄉兵奮擊之賊去寇三山所把總劉進恩受院檄他部甫離所一舍許聞報卽馳還固守霖雨城圮數十丈或勸朝恩突走朝恩曰世受國恩今正報效之秋豈可以事權去輒規避也遂躬捍

圯所督戰復作木城障之城上矢石如雨不能中賊朝恩曰此幻術也投以生犬首發矢中其酋貫喉而斃賊驚潰走朝恩追斬數級六月楊哥賊自觀海出洋都指揮王霈等邀擊於霍山洋敗之沉其舟是月叅將盧鏜敗賊於馬鞍山新林復追敗於勝山龜鼈洋十一月淞浦賊復自温州登海歷奉化遂犯餘姚叅將盧鏜遇於丈亭今所部兵能倭語者倭飾紿賊曰餘姚兵盛不可敵吾等宜南行遂逶迤入四明山中茲地險巇僻遠避寇者恒之焉居民弗虞寇至不爲備焚刼尤慘時天大雪鏜尾其後經歷文某與倭

戰于苦竹嶺副使孫宏軾又調奇兵與戰于析開嶺于翁家村皆不能勝至斤嶺餘姚謝生軍及之謝生者太學生名志望文正公曾孫也捐家貲募勇敢五百人分三隊張左右翼禦賊酣戰自卯至午殺賊九人射傷二三十人矢盡力疲猶奮呼陷陣生貌美皙賊意其帥也叢刃殺之會盧鏜軍亦至復戰于斤嶺于梁衙賊少却走龔家畈復至上虞東門河南毛葫蘆兵迎戰于花園損二百餘人賊遂從北城外由百官渡曹娥江餘姚庠生胡夢雷與從兄應龍操六等率鄉兵邀賊戰于東關死之賊順流而西是時提督

胡公宗憲方在浙西剿川沙之賊移檄諸將無力戰者乃身率大兵至於是僉事李如桂王詢指揮楊永昌知事何常明典史吳成器等併力追戰于瓜山又大戰于三界先是許東望請以山陰人金應暘爲贊畫團練鄉兵千餘人宗憲又益以武生項益隆所領處州兵二百人至是與賊迎戰于五婆嶺時賊百餘官兵數千見賊即走處兵與賊血戰自辰至巳五十六人死于陣而應暘手刃數賊竟死之賊亦被殺死十餘人是日宗憲斬不用命者兵五人于五雲門翌日賊遁丁村盧鏜追擊之斬首二十六級賊大懼以

銀物餌之我兵潰次日暮何常明哨賊被殺宗憲督
兵次長山聞報大怒拔劍欲自刎李如桂奪劍救免
丙午宗憲壁龕山之巔盧鏜以丁村功獻宗憲恐賊
渡錢塘江也促鏜再戰鏜曰士疲矣休養數日乃可
料茲賊須鏜了非茲毛頭所能也宗憲佯諾與山陰
人故郎中王畿計之畿密諭親兵曰爾等豢養久未
立戰功今賊將滅而諸將逗遛不進且盧參戎以毛
頭目爾爾能無耻乎乘其不意襲之賊可盡也衆踴
躍請效死即令吳成器兼率以進不數里遇賊死戰
無不一當十賊遂大敗循海而走奔匿於龕山之坡

下小堡内我兵乘勢圍攻之賊登屋擲瓦瓦盡繼之以槍槍盡投刀刀盡乃下死守我兵急攻破之悉斬首以獻時日且暝宗憲命取賊心啖之選獰首級二十餘顆置案上每顆爲飲一觥暨曉諸營方知破賊相率入賀宗憲謂鎧曰再遲一二日何如鎧大慙服閏十一月淞浦賊復自温州南麂山來至平陽之三港守備劉隆千戸鄭綱百戸張澄皆戰没賊遂趨台州澥北向欲與紹興賊合提督胡宗憲令天台以南知府譚綸兵擊之新昌以北容美宣撫田九霄兵擊之吴成器爲先導十二月乙未賊抵新昌焚民居

殺戮一二百人屯醴泉知縣萬鵬率民兵拒之不克賊亦去聞紹興賊已破畏譚兵及土兵猶豫莫定所往至嵊之上館嶺會容美兵陳而待田九霄以正兵當其前田九章援兵繼進左翼則留守王倫伏兵當之右翼則經歷畢爵伏兵當之以一部誘賊出戰良久伏兵起左右夾擊而指揮吳江率部兵遶賊後且多張旗幟爲疑兵賊四面受敵遂大潰且戰且走我兵追之入清風嶺俘斬一百七十餘是賊之未敗也淞浦賊又有自福寧州來者越平陽仙居至奉化與錢倉賊合幾七百人入紹興勢益滋蔓田九霄既破

賊清風嶺提督胡宗憲復命副使許東望杭州府同知曲入繩同九霄往邀之遇賊於西小江橋僅隔一河宗憲於馬上自持一幟作指揮狀示之賊止聚觀宗憲笑曰此易與耳若不顧而南其氣未可乘也即率兵渡河九霄邀其前入繩襲其後賊見兩兵夾至大怖走後梅匿民舍官兵圍之三匝縱火夾攻死者甚衆宗憲躬立於田中督戰曰賊若乘我兵半渡迎擊勝負未可知今已投死地猶釜魚耳何能爲周述學曰賊至夜必南逸急設伏邀擊山陰知縣葉可成曰西嶺之巔可伏也從之時值天雨夜二更大霧咫

尺莫辨賊乘黑衝圍典史吳成器故善戰驅兵奮擊頗有擒斬然脱走者衆果由西嶺南遁夜將半嶺畔伏兵起賊驚潰遂大敗之斬首及焚死者二百有奇餘奔太平蒲岐港官兵追之賊堅壁不出乃夜逼壘投以火器賊驚起自相攻殺比明乃遁出洋得脱者無幾矣三十五年四月賊周屹勾引豐洲賊數千人自鳴鶴臨山三江登掠次日合寇觀海衛弗克寇龍山所庠生李良民率兵禦之乃解去掠慈谿縣時縣無城被害甚慘酷知縣柳東伯募都長沈宏舉族禦之斬首數百級賊遁欲入掠餘姚盧鏜遏之於丈亭

大敗之餘姚士民爲勒石頌功云五月賊分二支復入一擾慈谿縣一攻龍山所所中兵擊賊數十人死乃解去盧鏜復追敗之擒周屹餘黨遁入五峙洋八月庚寅盧鏜擊蘇常逋賊及寧紹餘黨至夏蓋山三江海洋與戰于金塘馬墓之間大敗之沉舟數十斬首六百五十有奇乙未賊八百餘至慈谿據丘王二家爲巢進寇龍山所參将盧鏜戚繼光副使許東望王詢各率部兵二千把總盧鍧等亦率部兵二千遊擊尹秉衡率北兵三千遇于鴈門嶺等處連戰皆敗九月巳未提督阮公鶚親督官兵來稍稍破之賊夜

遁鴉又督秉衡鏑追至桐嶺誤中伏賊賊夾擊我我兵
大敗賊至樂清出海三十六年十一月壬子王直款
定海關執無印表文稱豐洲王入貢且要求互市先
是軍門大臣以直爲亂因於徽州收其母妻及子下
金華府獄後胡宗憲爲提督乃出之給以美衣食奉
之爲餌會　朝廷遣寧波庠生蔣洲陳可願充市舶
提舉宣諭日本國王宗憲因寄諭令招徠王直至是
直來宗憲巳晉總督列狀上請　詔不許命相機擒
勦宗憲奉詔秘而不宣馳駐餘姚以夏正爲死間諭
直来見直遣義子王滶及葉宗满先來至餘姚宗憲

盛陳軍儀納其降且與連牀卧因露諸將請戰書十餘通于几上而含糊作寐語大畧欲全活直之意然溦出猶詢城守具察兵數宗憲恐其逸去乃命二人同往見按院藩臬延緩之又令直子澄以血書諭直復發金帛間其黨直乃因夏正報曰即歸命但部兵無統欲得王溦攝之盧鏜曰以犬易虎不可失也宗憲遣之越數日直不來復令劉朝恩陳光祖夏正吳成器陳可願往說之且以夏正婁楠爲質直乃入見盧鏜於舟山中所城宗憲馳至定海直來見宗憲溫語慰之遂執送按察司獄疏直罪狀上請三十八年

十二月得 吉斬於杭州市自是越中鮮倭患

紹興府志卷之二十四

紹興府志卷之二十五

職官志一

統轄

志以郡名官以郡載若乃臺憲監司職非專一郡者例不宜書今冠以統轄者何蓋前代都督觀察提舉提刑諸曹節鎮一方建治東越澤之所被者深矣雖百世能無思乎嘉靖中年倭夷煽虐特命藩參專守茲土其於吾民親而且尊弗紀曷以示後於是采唐宋以至今茲爲統治者隨代叙官庶不爽其實焉

〔越〕文種主四封之内有傳

晉

王舒臨沂人成帝咸和二年撫軍將軍內史後復假節行楊州刺史事有傳

江虨穆帝永和十二年護軍將軍內史都督會稽東陽新安臨海建安五郡軍事

郗愔高平人廢帝太和末輔國將軍內史遷都督浙江東五郡軍事因居會稽

王薈臨沂人導之子孝武寧康元年左將軍內史都督五郡軍事

王藴孝武定皇后父太元三年都督五郡鎮軍將軍內史有傳

孔安國山陰人愉之子太元六年鎮軍將軍內史都督五郡軍事見列傳

謝琰安之子太元十三年征虜將軍內史都督五郡軍事見王侯傳

謝輶會稽人太元十六年內史都督五郡軍事

謝玄太元十九年左將軍內史都督五郡軍事見列傳

王凝之羲之子安帝隆安元年左將軍內史都督五郡軍事

王愉 太原人述之子元興元年内史都督五郡軍事

宋

竟陵王誕 文帝元嘉二十六年安東將軍都督五郡領太守後以五郡爲會州復刺史

廬江王禕 元嘉二十九年冠軍將軍太守都督五郡軍事世祖即位再任

晉熙王昶 世祖時東中郎將太守監五郡諸軍事孝武孝建元年復爲東揚州刺史

顏峻 瑯琊人大明元年太守東揚州刺史都督浙東五郡諸軍事

豫章王子尚 大明三年東揚州刺史都督五郡軍事領太守

潯陽王子房 前廢帝景和元年右將軍督五郡軍事領太守

巴陵王休若 明帝太始元年持節都督五郡軍事領安東將軍太守

張永 吳人裕之子太始三年後軍將軍太守加都督

蔡興宗 太始六年鎮東將軍太守加都督五郡諸軍事有傳

王延之 太始七年後軍將軍太守都督五郡軍事

王僧虔 太始八年太守都督五郡軍事有傳

王琨 後廢帝元徽元年太守都督五郡軍事

江夏王躋 元徽三年督五郡軍事太守進右將軍

蕭子良 道成第三子順帝昇平三年太守都督五郡軍事有傳

齊

武陵王曅 高帝建元二年太守加都督有傳

王敬則 臨淮人武帝永明元年太守都督五郡軍事

張緒 吳郡人永明四年太守都督五郡軍事

梁

永陽王伯游 武帝天監元年督五郡軍事輔國將軍領太守

武陵王紀 天監十八年太守仍爲東揚州刺史加使持節東中郎將

蕭祇普通三年東揚州刺史領太守有傳

南郡王大連太清元年出使持節輕車將軍東揚州刺史領太守

南海王大臨簡文帝太寶元年東揚州刺史領太守

安陸王大春大寶元年出使持節雲麾將軍東揚州刺史領太守

陳覇先字興國小字法生吳興長城下若里人也少倜儻有大志不事生産及長好讀兵書明緯候遁甲之術吳興太守蕭映見而奇之映遷廣州辟覇先爲參軍以討賊功進交州司馬所向摧陷廣賊悉平太清二年侯景叛覇先率兵赴援湘東王繹承制授覇先交州刺史尋改封長城縣侯都督會稽五郡諸軍事領會稽太守與王僧辯討侯景誅之湘東王繹即位是爲元帝甫三年魏伐梁入江陵執繹殺之繹子方智立於潯陽是爲敬帝王僧辯奉貞陽侯蕭淵明歸建康立之改元天成降方智爲太子明年覇先殺王僧辯廢淵明仍立方智又明年覇先自爲長城公尋篡位國號

陳都建康改元永定今會稽縣東二里長春觀相傳爲霸先居第後捨以爲觀云

張彪襄陽人元帝承聖三年東揚州刺史見忠節傳

陳蒨字子華霸先從子也少沉敏有識量留意經史霸先愛之梁大寳二年霸先以平侯景功進司空蒨爲吴興太守承聖三年討張彪以功授持節都督會稽五郡諸軍事宣毅將軍會稽太守蒨起布衣知百姓疾苦務從儉約及霸先践祚立蒨父爲始興王蒨爲臨川王武帝崩徵蒨嗣位是爲陳文帝

陳

沈恪武康人武帝永定三年太守進督會稽東陽新安臨海永嘉建安晉安新寧信安九郡軍事

徐度文帝天嘉元年鎮東將軍領太守都督九郡軍事

始興王伯茂天嘉三年鎮東將軍東揚州刺史兼太守領會稽東陽臨海永嘉新安新寧晉安建安八郡軍事

鄱陽王伯山　廢帝光大元年鎮東將軍東揚州刺史領太守後持節都督東揚豐二州

永陽王伯智　宣帝大建二年爲使持節都督東揚豐二州軍事平東將軍領內使

新蔡王叔齊　大建七年東中郎將軍東揚州刺史領太守

蔡景歷　濟陽考城人大建九年以長史帶郡守行東揚州府事

蕭巖　後主貞明元年平東將軍東揚州刺史領太守

隋

楊素　文帝時以平陳功封郢素言於帝曰郢逆人王誼舊封邑臣不願與同乃封之越而身在朝廷江浙賊高知慧等舉兵反自稱大都督攻陷州縣詔素爲行軍總管擊破之知慧從餘姚走海上趣永嘉素復擊走之修會稽郡城築子城詔素入朝素以餘寇未殄復自請行乃乘傳至會稽及知慧既平而後北還大業中改封楚其年病死

忭按素弒逆之徒無足齒而破海寇築郡城功在吾越則不可盡沒云

唐

麗王高祖朝自梁州總管徙越州都督有傳

李大亮武德七年爲越州都督越婺泉台建括六郡有傳

田德平太宗貞觀七年任

馮大恩貞觀九年任

齊善行貞觀十七年任

王奉慈高宗永徽二年任

于德方永徽五年任

段寶命顯慶三年任

唐同仁龍朔元年任

劉伯英乾封元年任卒于官

李孝逸咸亨二年任

季孝廉儀鳳三年任

崔承福永淳元年任

李思貞中宗嗣聖元年任

郭齊宗嗣聖元年任

楊玄節萬年人嗣聖二年任

李奇容嗣聖三年任

逖知遜嗣聖三年任

豆盧欽望萬年人嗣聖九年任　錢節嗣聖十四年任

蔡德讓嗣聖十八年任　竇懷貞嗣聖二十一年任有傳

龎貞素神龍元年任　張合愍神龍二年任

胡元禮神龍三年任　姚崇景隆元年任有傳

楊祇本景隆二年任　尹正義景隆三年任

王希儁景隆四年任　高智周常州人以上皆稱都督

齊澣定州人玄宗開元三十六年授江南東道採訪使

李希言肅宗乾元元年節度使領越婺睦衢台明温括八州置浙東道

獨孤峻乾道二年任　王嶼上元元年任

呂延之河東人代宗廣德元年任　杜鴻漸濮州人廣德二年任

王和

趙良弼永泰元年任　薛兼訓大曆二年任以上皆浙東道節度使

陳少游大曆五年任是歲廢節度使置都團練觀察使

皇甫溫大曆九年爲觀察使　崔昭大曆十一年爲觀察使

韓滉德宗貞元元年爲浙江東西觀察使有傳

皇甫政貞元三年任是歲復置浙東道領七州而睦州改隸浙西有傳

李若初貞元十三年任　裴肅貞元十四年任有傳

賈全貞元十八年任　楊於陵順宗永貞元年任有傳

閻濟美憲宗元和二年任　薛苹元和二年任有傳

李遜元和五年任有傳　孟簡元和九年任有傳

薛戎元和十二年任有傳　丁公著吳人穆宗長慶元年任

元稹長慶三年任有傳　陸亘文宗太和二年任附孟簡傳

李紳太和七年任　高銖太和九年任

李道樞開成四年任　蕭俶開成四年任

李師稷武宗會昌二年任　元晦會昌五年任

楊漢公宣宗大中元年任　李栻大中二年任

李褒大中三年任　李訥遜之姪大中六年任

沈詢吳人大中九年任　鄭處晦滎陽人大中十二年任

鄭祇德大中十三年任　王式大中十四年任有傳

鄭裔綽滎陽人懿宗咸通三年任　楊嚴咸通五年任

王渢咸通八年任　李郢長安人咸通九年任

李綰 咸通十一年任　王龜 式之弟咸通十三年任

裴延魯 咸通十五年任　崔璆 僖宗乾符四年任

柳瑫 乾符六年任以上皆浙東道觀察使

劉漢宏 廣明元年爲觀察使中和三年改浙東道觀察使爲義勝軍節度使復授後爲董昌所害

董昌 臨安人光啓二年爲義勝軍節度使三年改爲威勝軍昭宗乾寧二年以叛誅

黃碣 光啓三年爲威勝軍節度副使有傳

錢鏐 乾寧三年以鎮海軍節度使兼領改威勝軍爲鎮東軍見王侯傳

五代

皮光業 襄陽人唐明宗長興三年爲兩浙觀察使

謝思恭 唐末帝清泰中爲鎮東軍節度使　錢倧 鏐之孫晉高祖天福三年爲浙東觀察使

宋

錢儀 鏐曾孫太祖乾德四年爲鎮東軍節度使

錢惟治鏐曾孫開寶四年爲鎮東軍節度使

林從周潮州人仁宗至和中浙東提點刑獄

吳昌裔中江人至和中浙東提刑

李謙亨曲沃人英宗治平中浙東海右道廉訪使

張載鳳翔人神宗熙寧二年浙東提刑　白具哲宗元符三年浙東提刑

王祖道元符三年浙東提刑　胡師文徽宗崇寧元年浙東提刑

程遵彦崇寧元年浙東提刑　蔡肇崇寧元年浙東提刑

虞謩崇寧元年浙東提刑政和三年再任　周彦質崇寧二年浙東提刑

强浚明崇寧三年浙東提刑　祖理崇寧三年浙東提刑

黄克俊崇寧四年浙東提刑　馬玿崇寧五年浙東提刑

董正封大觀元年浙東提刑　錢景逢大觀元年浙東提刑
盛章大觀二年浙東提刑　畢漸大觀二年浙東提刑
朱維大觀三年浙東提刑　蔡安持大觀四年浙東提刑
李景夏政和元年浙東提刑　周邦式政和二年浙東提刑
羅選政和三年浙東提刑　盧天驥政和六年浙東提刑
周格政和八年浙東提刑　蔡佃政和八年浙東提刑
鄭南宣和二年浙東提刑　張苑宣和二年浙東提刑
楊應誠宣和三年浙東提刑　章鯨宣和三年浙東提刑
高士曈宣和三年浙東提刑　王仲閎宣和四年浙東提刑
胡邃宣和五年浙東提刑　孫莊宣和六年浙東提舉常平

柳宗傑　宣和七年浙東提刑　　王賜　宣和七年浙東提舉

鄭松年　宣和七年浙江提舉

翟汝文　丹陽人欽宗靖康元年知州兼浙東安撫使

李質　靖康二年浙東提刑　　張伯奮　高宗建炎二年浙東提舉

李邈　建炎二年浙東提舉　　王翮　建炎三年浙東提舉

李顯忠　青澗人建炎中浙東副總管在寓賢傳

蔡向　建炎四年浙東提舉　　韓膚胄　建炎四年浙東提刑

施坰　建炎四年浙東提刑　　孫近　紹興二年浙東提刑

王然　紹興二年浙東提舉　　張宗臣　紹興三年浙東提刑

韓協　紹興三年浙東提舉　　周綱　紹興三年浙東提刑

明槖 紹興四年浙東提刑

韓臨亨 紹興五年浙東提舉

劉一止 紹興六年浙東提刑

胡説修 紹興七年浙東提舉

張宇 紹興九年浙東提舉

范同 紹興九年浙東提刑

李維 紹興九年浙東提刑

宋孝先 紹興十年浙東提刑

呂用中 紹興十年浙東提刑

王鈇 紹興十年浙東提舉

虞流 紹興十二年浙東提舉

韋壽成 紹興十三年浙東提舉

吳序賓 紹興十三年浙東提刑

范振 紹興十三年浙東提刑

朱敦儒 紹興十五年浙東提刑

高世定 紹興十五年浙東提舉

鄭僑年 紹興十五年浙東提舉

梁汝嘉 麗水人紹興中浙東制置使

林師説 紹興十七年浙東提刑

秦昌時 紹興十七年提舉復除提刑

游揆紹興二十年浙東提舉　高百之紹興二十二年浙東提舉

黃兊新昌人紹興二十五年浙東提舉　曾幾贛人紹興二十五年浙東提刑見寓賢傳

邢純紹興中浙東安撫使　宋棐紹興二十六年浙東提刑

趙公稱紹興二十六年浙東提舉

邵大受紹興二十七年浙東提舉二十八年改提刑

都絜紹興二十八年浙東提舉　徐度紹興二十九年浙東提刑

張廷實紹興三十年浙東提舉　樊光遠紹興三十一年浙東提刑

喻樗南昌人紹興三十二年浙東提舉有傳　王葆孝宗隆興元年浙東提刑

高敏信乾道元年浙東提舉　任文薦乾道元年浙東提刑

宋藻乾道元年浙東提舉　張津乾道二年浙東提刑

柳大節乾道三年浙東提刑　徐藏乾道三年浙東提舉

芮燁乾道四年浙東提刑　程大昌乾道五年浙東提刑有傳

蘇嶠乾道五年浙東提舉　唐閱山陰人乾道中浙東檢察使

龔輿湘陰人乾道中浙東檢法　林藏吳人乾道中浙東提舉

張方乾道六年浙東提刑

范成象乾道七年浙東提刑　張掄乾道七年浙東提刑

唐閱乾道七年浙東提舉　鄭良嗣乾道七年浙東提舉

鄭興裔乾道九年浙東提刑　趙彥端乾道九年浙東提刑

劉孝韙乾道九年浙東提舉　韓俁淳熙元年浙東提刑

胡仰淳熙元年浙東提刑　折知常淳熙元年浙東提舉

吳交如淳熙二年浙東提刑

芮煇淳熙二年浙東提刑

陳舉善淳熙二年浙東提舉

何俌淳熙三年浙東提舉

姚宗之淳熙四年浙東提舉七年提刑

傅自得淳熙五年浙東提刑

趙益淳熙五年浙東提刑

鞏湘淳熙五年浙東提刑

李宗質淳熙六年浙東提舉

趙韞淳熙六年浙東提舉

傅淇淳熙八年浙東提刑

張詔淳熙八年浙東提刑

朱熹淳熙八年浙東提舉有傳

余禹成淳熙九年浙東提舉

勾昌泰淳熙十年浙東提舉十二年提刑

丘崈淳熙十年浙東提刑

趙公碩淳熙十二年浙東提刑

岳甫淳熙十二年浙東提舉

延璽淳熙十三年浙東提刑

田渭淳熙十四年浙東提舉

趙不遠淳熙十五年浙東提刑

鄭湜淳熙十六年浙東提舉

袁說友淳熙十六年浙東提舉

周頡淳熙十六年浙東提刑

蔡戡光宗紹熙元年浙東提刑

林提紹熙元年浙東提刑

虞儔紹熙二年浙東提刑

李沐紹熙二年浙東提舉

黃唐紹熙二年浙東提舉

陳杞紹熙三年浙東提舉四年提刑

陳倚紹熙三年浙東提刑

衛涇紹熙四年浙東提舉

李譕紹興四年浙東提舉

李大性紹熙五年浙東提舉寧宗慶元元年提刑

謝源明慶元元年浙東提刑

莫漳慶元二年浙東提舉

劉誠之慶元二年浙東提舉

張伯垓慶元三年浙東提刑是年復知紹興府

張宓慈溪人浙東安撫使　張孝曾慶元四年浙東提刑

俞豐慶元四年浙東提刑　趙公豫慶元四年浙東提舉

李洪慶元五年浙東提舉　葉籈慶元六年浙東提舉

張經嘉泰元年浙東提舉　李浹嘉泰三年浙東提舉

章燮嘉泰四年浙東提舉　傅伯成開禧二年浙東提刑

范應鈴豐城人開禧中浙東提刑　李鈺開禧三年浙東提刑是年復知紹興府

孫昭先開禧三年浙東提刑　曾幵開禧三年浙東提舉

譙令憲嘉定二年浙東提刑　孟植嘉定二年浙東提舉

王遇嘉定三年浙東提舉　王渥嘉定四年浙東提舉五年提刑

趙彥倓嘉定四年浙東提刑　程覃嘉定六年浙東提舉是年任提刑

葉篯 嘉定八年浙東提刑　　李琪 嘉定八年浙東提舉

沈皡 嘉定十年浙東提刑　　趙沆夫 嘉定十年浙東提舉

喻珪 嘉定十一年浙東提舉　　汪綱 黟縣人嘉定十二年提刑後知紹興府

章良朋 嘉定十三年浙東提舉　　齊碩 嘉定十六年浙東提舉

糜溧 理宗寶慶二年浙東提刑　　金鑄 寶慶二年浙東提舉紹定元年再任

李壽朋 寶慶三年浙東提舉　　汪統 紹定元年浙東提刑

葉棠 紹定二年浙東提舉四年提刑　　黃壯猷 紹定六年浙東提舉

曾天麟 端平元年浙東提舉　　李大謙 端平元年浙東提刑

牛大年 端平元年浙東提刑　　曹豳 端平三年浙東提刑有傳

陳振孫 端平三年浙東提舉　　潘剛中 嘉熙元年浙東提刑

衛洙嘉熙元年浙東提舉　項容孫嘉熙二年浙東提刑

章謙亨嘉熙三年浙東提刑　范鎔嘉熙三年浙東提舉

馬光祖嘉熙四年浙東提舉淳祐元年提刑

徐鹿卿淳祐元年浙東提刑有傳　呂午淳祐二年浙東提刑

陳晉接淳祐三年浙東提刑　袁立儒淳祐三年浙東提舉十二年提刑

童頎淳祐三年浙東提舉　趙性夫淳祐四年浙東提刑

章端子淳祐五年浙東提舉　趙與杰淳祐六年浙東提舉

楊伯嵒淳祐七年浙東提刑　高斯得淳祐八年浙東提刑

洪燾淳祐八年浙東提刑　嚴粲淳祐九年浙東提舉

馬天驥淳祐十年浙東提舉　蔡抗淳祐十一年浙東提刑

謝奕修　淳祐十一年浙東提舉
程沐　淳祐十一年浙東提舉
趙隆孫　寶祐元年浙東提舉
尤爚　寶祐元年浙東提刑
吳革　寶祐二年浙東提舉
季鏞　寶祐三年浙東提舉
汪應元　寶祐四年浙東提刑
顧嵒　寶祐四年浙東提刑
何夢祥　寶祐五年浙東提刑
趙珙夫　寶祐五年浙東提舉
趙希槐　寶祐六年浙東提舉
陳仁王　開慶元年浙東提刑
史肎之　開慶元年浙東提舉
鄭雄飛　景定元年浙東提舉
林光世　景定元年浙東提舉
魏克愚　景定二年浙東提刑
孫子秀　景定二年浙東提刑見列傳
曹孝慶　景定三年浙東提刑
李芾　景定三年浙東提刑
錢可則　景定三年浙東提舉

朱應元景定四年浙東提舉是年復任提刑

李獻可景定五年浙東提舉　常楙臨邛人浙東安撫使知紹興府

周伯琦都陽人江東廉訪使　家鉉翁眉州人度宗咸淳中浙東提刑

元

孔洙先聖之後寓金華世祖至元中提舉浙東學校

高興蔡州人至元二十三年浙東宣慰使　拜降北庭人成宗大德元年浙東廉訪副使

敬儼河東人仁宗皇慶元年浙東廉訪使　趙宏偉甘陵人延祐中浙東廉訪副使

余闕合肥人文宗至順末浙東廉訪僉事　王獻元順帝元統元年浙東宣慰副使

贍思大食國人至元四年浙東廉訪僉事　董摶霄磁州人至正初浙東宣慰副使

劉克昌紹興路總管提督學校

皇明

舊制以寧紹台爲一道分守分巡各一人用藩

臬領之然皆列署會省每春秋時輪一人按歷三郡察吏治恤民隱若廵按然歲終則以報都察院至今簿籍可稽也嘉靖甲寅間島夷內侵於是設兵備一人無分廵稱兵廵道駐節紹興隆慶中更定制凡天下諸郡皆以司道一人分駐之於是分廵駐台州海道兼兵備駐寧波而駐紹興者爲分守道往率以參議今或以參政無定員云

許東望字應魯山東平山衛籍直隸宿松縣人嘉靖戊戌進士甲寅年任

東望初令山陰政尚寬和民德之如慈父遷戶部郎歷浙江參議會倭夷突擾境內奉檄分守浙東治紹興時方軍興歛急法煩閭閻騷動東望一切鎮以簡靜愛民下士吏卒無不感恩用

命柯亭龕山後梅清風之捷東望皆親冒矢石而典史吳成器實左右之以功進按察副使整餙兵備兵巡之銜自此始東望自爲令及兵憲務爲寬大人比之羊叔子越人至今祠祀之

陳元軻 字仲聲福建福州府懷安縣人乙未進士廣東副使改任○以下皆副使稱兵巡道

李萬實 字少虛江西建昌府南豐縣人甲辰進士湖廣左叅議陞任

李僑 字子高山東濟南府長清縣人甲辰進士紹興府知府陞任

邵齡 南直隸徽州府休寧縣人庚戌進士紹興府知府陞任

謝鵬舉 字仲南湖廣武昌府蒲圻縣人癸丑進士歷右副都御史巡撫浙江

崔近思 字希睿山東濟南府濵州人庚戌進士隆慶元年任○以下皆叅議稱分守道

陳燦 字德潤湖廣岳州府巴陵縣人甲辰進士隆慶三年任

郭天禄 字子學大寧都司籍直隸保定府定興縣人已未進士隆慶四年任

蘇松字貞卿四川順慶府廣安州人己未進士隆慶六年任

劉宗岱字伯東山東濟南府歷城縣人己未進士萬曆元年任

余一龍字汝化直隸徽州府婺源縣人乙丑進士萬曆二年任歷浙江左布政使

徐廷祼字士敏直隸蘇州府崑山縣人己未進士萬曆七年任

李勳字世臣山東德州衛人壬戌進士萬曆八年任

唐本堯字世舉直隸松江府上海縣人隆慶辛未進士萬曆九年任

李一中字時卿直隸池州府建德縣人隆慶戊辰進士萬曆十一年任

朱文科字[illegible]福建興化府莆田縣人萬曆十四年以叅政任仍分守

紹興府志卷之二十五

600472

紹興府志卷之二十六

職官志二

郡守

秦置會稽郡郡有守漢更爲王國國有相相即守也景帝復爲郡相爲太守太守名官自此始會稽太守地大官崇統轄千里自嚴助朱買臣以下皆此職也當是時部刺史奉六條專察太守太守與刺史其不爲同官明矣新莽改曰太尹東漢仍西漢無所革三國時孫策孫權皆爲會稽太守遣功曹行太守事自不蒞治東晉官會稽者多王子帶將軍更名内史内

史本周官秦用其官治京師漢有左右内史治京師王國亦有内史王國旣更内史遂罷今晉以會稽爲王國故復稱内史劉宋復郡復守其後刺史太守頗不失官特後魏有三刺史三太守名者則雜夷矣隋以郡爲州更名總管後名刺史唐稱刺史又稱太守太守刺史互名迭用其實一也宋懲藩鎮州設知州卽爲太守高宗駐蹕越州遂陞州爲紹興府官名知府元更府爲路有達魯花赤知府或府尹各一員我朝復爲府官仍知府蓋歷代沿革如此今其官閥姓氏具在賢不賢自不可得而掩也

秦

殷通二世元年假守　項梁下相人殺通代守

漢

嚴助吳人建元五年太守有傳　朱買臣吳人元朔四年太守有傳

魯伯瑯琊人甘露中太守常授易于施讎　周均右扶風人鴻嘉二年太守均或作君

沈戎新莽元年大尹見題名　秋君二年大尹

許時更始元年大尹　李均二年太尹復稱太守均或作君

黃讜汝南人建武四年有傳　第五倫京兆長陵人二十九年有傳

尹興永平三年有傳　左恢曲阿人

董勤元和元年見杭志　黃競章和元年

梁旻冀從弟二年　慶鴻洛陽人永元五年有傳

張霸成都人十一年有傳　馬稜茂陵人十四年有傳

蔡君 修武人元初二年　趙牧 長安人三年附馬稜傳

苦灼 永建元年　劉府君 四年見杭志

成公浮 陽嘉元年　陳重 宜春人有傳

馬臻 茂陵人永和五年有傳　李就 封高陽侯徙居江夏是爲江夏李氏

殷丹 冲帝永嘉元年有傳　劉寵 東萊牟平人建初二年有傳

韋毅 元嘉二年　沈勳 延熹四年

陳業 上虞人六年見隱逸傳　尹端 建寧元年

徐珪 熹平三年　王朗 東海人初平元年

唐珝 二年　孫策 宜春人建安二年詔策爲騎都尉襲爵烏城侯領太守

孫權 策之弟建安五年曹操表爲討虜將軍領太守　淳于式 十七年有傳以上皆稱太守

三國

吾粲 烏程人初令山陰吳黃武元年有傳　岑軻 吳都人

滕胤 北海劇人太元元年有傳

濮陽興 陳留人爲上虞令遷會稽太守時瑯琊王孫休居會稽興遇之厚而張布嘗爲左右督將及休即位二人皆貴寵用事拜興爲丞相與張布共相表裏休寢疾手書召興以子霸託之而卒左典軍萬彧嘗爲烏程令與烏程侯孫皓相善諷興布廢霸立皓皓既立多行不法興布竊悔之彧因譖諸皓皓執興布殺之夷三族初都尉嚴密建議作浦里塘羣臣皆以爲難惟興與力主之功費浩繁士卒多死民大愁怨及族興人咸以爲不舍之報云

樓玄 沛郡蘄人太平二年

郭誕 建衡元年　車浚 南平人天璽元年有傳

戴昌 廣陵人天紀二年以上皆稱太守

晉

丁義 太康二年國相

張景 永康二年國相

許敗 高陽人詢之父永嘉三年

紀瞻 丹陽秣陵人建興元年有傳

庾琛 明穆皇后父大興二年

諸葛恢 瑯琊人建興三年有傳

周札 義興陽羨人四年

虞潭 飜之孫太寧二年見王侯傳

熊遠 南昌人三年

王舒 詳統轄中

何充 廬江灊人五年有傳

孔愉 山陰人八年見列傳

王恬 薈之兄九年恬一作怙

王允之 字深猷舒之子咸康中爲内史未到卒

王述 太原人永和元年有傳

王羲之 六年見寓賢傳

王彪之 臨沂人有傳以上皆稱内史

江虨

郗愔

王薈

王藴

孔安國

謝琰

謝輶

謝玄

王凝之　王愉以上俱以內史兼都督邑里年月具統轄中

范逵鄱陽人舉孝廉嘗過陶侃家侃母截髮易酒延之後言侃于廬江太守侃之知名逵薦之也逵仕至會稽太守　劉牢之彭城人元興二年

虞嘯父潭之孫二年　孔靖愉之孫義熙元年有傳

司馬休之七年以上皆稱內史

宋

劉懷敬彭城人永初元年　謝方明陽夏人二年見列傳

褚淡之陽翟人景平二年有傳　羊玄保南城人二年有傳

孟顗安丘人元嘉八年　張裕十八年有傳

丘淵之烏程人　孔山士靖之子二十年

孔靈符靖之子二十四年　顧琛三十年自山陰令遷

張暢 吳人孝建二年　張邵 三年

劉思考 大明四年見題名　王翼之 徽之孫五年見題名

劉抑 以上皆稱太守　顏峻　張永

蔡興宗　王延之　王僧虔　王琨

蕭子良 以上七人皆太守加都督詳統轄中　洪現 蒼梧王元徽三年太守有傳

齊

榮頵 建元四年太守　王敬則

張緒 二人詳統轄中　西陽王子明 永明十年

梁

蕭昂 天監元年　衡陽王元簡 三年

安成王機 六年　湘東王繹 十年

邵陵王綸 十三年　廬陵王續 十六年

岳陽王詧 大同五年　樊道則 太清元年以上皆稱太守

陳

駱文牙 臨安人陳文帝初避地臨安文牙毋知非常人賓禮甚厚文帝立封臨安縣侯武帝永定三年爲越州刺史

沈恪　徐度

蔡景歷　蕭巖 四人詳統轄中

隋

慕容三藏 燕人文帝開皇元年有傳是時改東楊州爲吳州太守稱總管

賀若弼 洛陽人九年　楊昇 華陰人十二年

宇文弼 仁壽元年　周汾翁 忤煬帝昇宜春久之復還廬陵

唐

李嘉 武德三年

闞稜 章丘人四年有傳是後改總管爲都督督婺泉台建括五州領太守事姓名並詳統轄中

王子麟 開元二年是時罷都督爲刺史不領郡

桓臣範丹陽人三年　皇甫忠十年

鄭休遠十一年　何鳳十六年

張洸洛陽人二十年　韋明揚二十年

裴冑二十一年　元彥冲二十二年

敬誠二十六年　康希銑見寓賢傳

秦昌舜天寶元年是年改越州爲會稽郡刺史復稱太守

杜庭誠六載　張守信七載

李乾祐九載　于幼卿十三載復稱越州刺史

崔寓至德二年　楊嚴以御史中丞爲越州刺史年次佚

李希言乾元元年是年升刺史爲節度使領郡事以後姓名並詳統轄中

陳少游代宗大曆五年是年改節度使爲觀察使領郡事姓名詳統轄中

王容京兆新豐人十四年是年降觀察使爲刺史

元亘貞元二年是後復陞刺史爲觀察使姓名並詳統轄中

宋

高賦中山人建隆中知州　錢儀錢鏐三世孫乾德三年　畢士安代州人興國三年

李準四年　李孝連五年　高適八年

江正雍熙三年　薛智周端拱二年　韓崇訓安武人淳化元年

盧文正二年　封遂成三年　王柄四年

郭巽至道元年　元玘二年　馮勵咸平元年

裴莊三年　康戩五年　王勵景德二年

張巽祥符元年　王贄三年　李適四年

皇甫選六年　楊侃八年　陳靖莆田人天禧元年

高紳天禧元年　盧幹二年　任布四年有傳

燕肅五年有傳　謝濤乾興元年　尹錫天聖四年

宋可觀四年　成悅六年　蘇壽九年

陳亶明道二年　葉參長洲人景祐元年　趙賀封丘人二年

李照二年　蔣堂宜興人三年有傳　郎簡臨安人四年

范仲淹吳人寶元二年有傳　張士遜　陸軫康定元年

龔鼎臣須城人景祐元年　何傳式慶曆二年　晁宗簡青豐人四年

馬鐸四年　陳亞六年　富嚴八年

楊紘浦城人皇祐三年　魏瓘三年　王逵濮陽人四年有傳

李充許州人至和元年　許元宣城人嘉祐元年　張友直士遜子二年有傳

刁約五年　沈遘錢塘人六年有傳　張伯玉八年

章珉治平三年　朱肱四年　陳升之建陽人四年

鞠真卿熙寧元年　元絳元年　邵亢丹陽人二年

沈立歷陽人三年　孔延之四年　謝景溫富陽人濤之孫六年

張諷七年　趙抃八年有傳　程師孟吳人十年有傳

丁竦元豐二年　鄭穆侯官人四年有傳　梁彥明七年

穆珣八年　黃履邵武人元祐元年　章楶浦城人二年

張詢三年　錢勰吳越王俶孫三年見列傳　蔡卞仙游人六年

楊汲晉江人八年　章衡浦城人紹聖元年　張修三年

胡蕪飛紹聖中　詹康紹聖中　邵材三年建中元年再任

翟思四年建中元年再任　上官均邵武人元符二年　張琬三年

豐稷鄞人崇寧元年有傳　周常建州人元年　宇文昌齡雙流人元年

鄒浩鄞人崇寧中　詹文三年　王資深四年

方會大觀二年　李圖南政和三年　呂益柔三年

王仲嶷四年　劉韐宣和二年有傳　章綡四年

宋昭年四年　張汝舟五年　鄭可簡七年

李邴任城人靖康元年　翟汝文元年有傳　葉煥建炎三年

李鄴三年　郭仲荀三年　史彌大建炎中

傅崧卿山陰人四年見列傳　陳汝錫四年　張守紹興二年任十年再任有傳

朱勝非二年有傳　王綯三年有傳　綦崇禮四年有傳
孟庾五年　孫近六年　趙鼎八年有傳
周秘九年　韓肖胄十年見寓賢傳　孟忠厚十一年任十四年再任
樓炤永康人十二年　詹大方十五年　趙令衿
張震　林待聘十八年　趙不棄太宗裔十八年
俞俟十九年　湯鵬舉二十一年　曹沬二十二年
趙士粲二十三年　魏良臣二十六年　趙令詪二十七年任
王師心二十八年有傳　宋棐三十年　周淙長興人三十年
湯思退處州人三十二年　吳執中松溪人　周葵宜興人
吳芾隆興元年有傳　徐嚞西安人二年　洪适魏公皓子乾道元年

史浩鄞人四年有傳　蔣芾六年　方滋八年
錢端禮九年　留正泉州人淳熙二年　張宗元二年
張津四年　李彥穎德清人五年任有傳　張子顏俊之子八年
王希呂八年任十五年再任有傳　鄭丙長安人十年　丘崈江陰人十三年有傳
鄭汝諧十四年　張杓綿竹人浚之子十五年有傳　洪邁适之弟紹熙元年有傳
王信麗水人元年有傳　趙不流三年有傳　葉翥五年
葛邲　單夔二年　劉穎西安人三年
張伯垓三年　耿延年四年　汪義端四年
沈作賓初判府事五年任有傳　趙不迹六年有傳　袁說友嘉泰元年有傳
李大性元年有傳　辛棄疾歷城人三年　林采四年

周珌開禧元年　錢弘祖元年　趙師睪燕懿王裔元年
趙象祖弘祖兄二年　章燮二年　李珏三年
黃由嘉定元年有傳　俞恭三年有傳　趙彥倓五年任有傳
葉箋九年　吳恪九年任十二年復任　王補之十年
沈皡十二年　汪綱十四年任寶慶元年再任有傳　汪統紹定元年
薛極武進人元年　葉棠四年任六年再任　程覃四年
許極六年　黃壯猷端平元年　李明復瀘州人三年
魏了翁嘉熙元年有傳　潘剛中元年　趙善湘鄞人宗室二年
余天錫昌國人三年　蔡範四年　游似淳祐二年
史嵓之二年　童顒四年　史宅之四年

季鏞有傳　趙與篹　包恢建昌人有傳

趙性夫六年　劉之傑郢州人七年　趙希樸八年

徐清叟八年　洪蘧九年　吳潛寧國人九年有傳

馬天驥衢州人初尉新昌十年任　樓治十一年　程沐十三年

陳顯伯十二年　厲文翁寶祐元年任開慶初再任　史宇之二年

顧嵓四年　謝奕修五年　何夢祥開慶元年

葉隆禮景定元年　鄭雄飛元年　謝堂元年

楊瑱三年　朱應元四年　張遠猷咸淳元年有傳

言通吳郡人二年任　常楙三年任有傳　劉良貴七年

馬廷鸞樂平人九年

元 王禎烏程人世祖至元中 李朶兒元貞元年 劉俁元年

張昇韓城人延祐五年 胡元英宗至治元年 王克敬太寧人太定元年

武伯强二年 于九思薊丘人初知餘姚三年 劉克昌

朶兒赤寧州人天曆二年 禿堅董阿元統二年 陳朝散至元二年

高樞二年 宋文瓚五年 泰不華至正元年有傳

趙叔遜十二年自推官遷 貢師泰至正中自推官遷有傳 徐季二十年

朱彤二十四年 陳寧二十六年 黃璧二十七年

皇明 楊可久萊州人洪武初任以下皆知府 張凞北平人二年有傳 唐鐸鳳陽人三年有傳

張士敏燕山人三年 李雲四年 劉樂善安福人五年

李思煥八年 張均玉九年 唐昊九年

牛時中十二年　崔文剛十四年　陳棟十七年

陳資二十年　李益二十四年　劉鵬二十七年

李慶三十二年有傳　吳昇永樂元年　鄒希南四年

范希任八年　潘惟學十二年　郭文舉十五年

馮謐十七年　黃采十九年　李鎡二十年

方鯉莆田人二十年　胡敬侯官人宣德元年　陳耘四年

胡敏荊州人六年有傳　馮敏武昌人九年　羅以禮十年有傳

白玉漢中人舉人初爲本府判正統十二年任卒于官葬臥龍山側有祠

彭誼東莞人舉人天順元年有傳　吉惠丹徒人初知上虞成化三年　劉琛唐縣人五年

洪楷莆田人舉人七年有傳　戴琥浮梁人舉人九年有傳　李廷豐城人十九年

曾檖典縣人二十二年　游興淮安人弘治二年　佟珍定遼中衛籍青州人十年
劉麟新淦人十八年　劉麟廣洋衛籍安仁人正德三年有傳
石存禮盐都人四年　梁喬上杭人七年　鄭瓊海陽人十一年
南大吉渭南人嘉靖二年有傳　黃綰息縣人五年有傳　洪珠莆田人楷之姪附楷傳七年
毛秉鐸福清人十三年　湯紹恩安岳人十四年有傳　張明道羅田人十九年有傳
蘇朮朔陽人二十二年　沈啓吴江人二十四年　梅守德宣城人二十九年
劉錫鷄澤人三十三年　李僑長清人三十四年有傳　邵齡休寧人三十九年
楊兆膚施人四十二年　徐卿龍無錫人四十五年　岑用賓順德人隆慶二年
盛時選順天籍吴縣人五年　彭富大理人六年　晏仕翹新喻人萬曆五年
賈應璧無錫人六年　傅寵巴縣人七年　蕭良榦涇縣人十一年

紹興府志卷之二十六

紹興府志卷之二十七

職官志三

郡佐

秦會稽郡既有守矣又有丞有尉守治民丞佐之尉典兵漢國曰中尉郡曰都尉都尉秩亦二千石然究其所職則非與太守並衡者矣是不謂之佐乎其餘佐官自漢以來或丞或治中長史司馬或通判簽判等員元設同知通判推官而　明因之又有經歷知事照磨秩以次卑均爲一郡之下僚也故具列其官如左若檢校則以冗裁久矣

都尉

漢　顏駟四景帝時有傳　任延南陽宛人更始元年有傳

宰晁一名鼂明帝永平末　全柔獻帝初平元年爲會稽東部都尉行太守事

韓晏建安元年爲會稽南部都尉　蔣欽建安中有傳

三國　張紘建安四年爲會稽東部都尉行太守事

賀齊山陰人先令剡建安八年爲會稽南部都尉見王侯傳

芮良建安中爲會稽南部都尉　陸宏績之子

隋　鷹揚

唐　張嘉祐開元中浦江折衝都尉

郡丞

漢　陸昭建安二年　顧雍建安五年以丞行太守事有傳

齊　庾蓽明帝時郡丞行郡事有傳　劉瓛沛國人建武末

梁　江革天監十三年郡丞行府事有傳

陳　蕭允光大元年

治中

漢　王充上虞人章和中見儒林傳

長史

晉　孔坦愉之子太寧中　孫綽統之兄永和中

宋　王茂之景平中　顧凱之孝建元年長史行郡事有傳

沈懷文太明五年長史行郡事有傳　孔顗永光元年長史行郡事

齊 顧憲之長史行郡事附凱之傳 陸慧曉永明中自功曹遷有傳 蕭靈均永明十一年長史行郡事

梁 到溉彦之子天監中 謝岐承聖二年

陸山才紹泰中以長史帶郡丞宣帝征周迪山才以本官之會稽指授方畧卒謚簡子 蕭濟太平二年有傳

隋 許世緒并州人

唐 敬播蒲州人高宗時 宋之問神龍元年 姚誾年次佚

宋 家鉉翁眉州人見寓賢傳

司馬

吳 董襲見忠節傳

宋 陸邵景平中自山陰令遷 庾業太始元年右軍司馬行郡事

唐 賀曾子知章子天寶中

宋 通判 簽判 判官 推官

錢熈南安人淳化中　龔宗元太宗時　錢公輔常州人皇祐三年
鄭戩吳縣人皇祐中　胡向清江人有傳　沈起治平中
張詵浦城人熈寧中有傳　曾鞏元豐中有傳　孫覺高郵人
陳康伯弋陽人紹興中　王汝則宛陵人　沈作賓後遷郡守
洪遵樂平人皓仲子　孟忠厚外戚三判紹興後任郡守　吳芾後遷郡守
邊維熊楚丘人紹興末　高斯得乾道中　黃由淳祐中後遷郡守
王介慶元初有傳　葛邲吳興人慶元中舊志作郡守傳中是判今正之有傳
趙與昺宗室德祐元年　吳津以下俱失年次　淩策涇縣人
趙汝域　黃震慈谿人　黃洽以上俱通判
陳瓘元祐中有傳　王十朋紹興中有傳　汪應宸紹興中有傳

阮登炳咸淳初　趙汝讜以下年次俱失　徐元杰上饒人

陳文龍興化人　洪璞睦州人　以上俱僉判

劉逵隨縣人崇寧中　楊愿初任新昌丞紹興中　凌景夏餘杭人紹興中　以上俱判官

王洽中侯官人年次佚

陳宜中永嘉人初以太學生上書攻丁大全號六君子吳潛奏還自貶所詔六人皆免省試令赴景定二年廷試宜中第二授紹興推官

元

同知　治中　判官　推官

陳思濟柘城人至元五年有傳　武元特至正二十二年　以上俱同知

王立中長洲人以下年次佚　金德潤浦江人　以上俱治中

白絜矩至元中判官　傅汝霖大德二年推官　李震皇慶元年

王德觀皇慶二年　李從善皇慶三年　劉淵至治二年

瞿儀至治三年　于深泰定二年　金復至和元年

班惟志二年　吳思義至順元年　李擇二年

王訥至元元年　張潗二年　林宇三年

魯人申至正元年　東平申二年　屠駒三年

趙叔遜四年　貢師泰五年　姜獻臣十五年以上俱推官

郡從事　叅軍諸曹錄事　主簿　督郵

漢

彭脩章帝時自功曹遷　王充元和末自功曹遷　黃昌順帝初自決曹遷三人俱郡從事

包咸曲阿人建武初戶曹　彭脩毘陵人永平中功曹　駟勳永平中功曹史

陸續永平中戶曹有傳　王充元和初功曹　黃昌元和末決曹

戴就上虞人陽嘉中倉曹椽　孟嘗漢安中戶曹史　虞翻上虞人建安二年功曹

董襲 建安中賊曹

駱統 會稽人建安中功曹

吕岱 海陵人建安末錄事

魏滕 建安末功曹

孟英 上虞人年次佚決曹椽 以上俱參軍

梁宏 永平中

鍾離意 永平中自督郵遷

朱儁 上虞人建寧中 三人俱主簿

鍾離意 山陰人建武中

鄭弘 山陰人建武末

謝夷吾 山陰人陽嘉中 三人俱督郵

三國

丁覽 山陰人黃武初功曹

邵疇 建衡元年功曹 二人參軍

晉

孔祗 愉之弟大興中功曹史

楊方 大興末功曹

虞預 咸和二年功曹史後爲行參軍

謝沈 山陰人咸和中功曹 孔祗以下俱參軍

楊方 會稽人大興初後任功曹

虞預 餘姚人大興中後遷功曹史二人俱主簿

南宋

孔欣 景平元年

謝芩 人景平中二人俱參軍

杜宗產 錢塘人太始元年

孔珪 會稽人太始中二人俱主簿

齊

劉璡建元元年　柳惲河東人建元年法曹　陸慧曉建元二年功曹

庾蓽建元中功曹史後遷郡丞四人俱叅軍

范雲舞陰人建元元年主簿

梁

賀琛山陰人天監六年功曹叅軍

陸倕慧曉子天監六年主簿

唐

崔協博陵人太中元年戶曹　李鑄錄事以下世次佚　李茗錄事

王綺倉曹　王績丞相綝之兄法曹　李慶

李鎮　李遜功曹自崔協以下俱叅軍

宋

魏廷堅天聖元年郡從事

唐翊山陰人元符中郡曹　陸棠宣和中工曹　陳字襄之孫隆興中司法

楊簡 慈谿人乾道中司理後知嵊有傳　王唐珪 松陽人淳祐元年法曹有傳

楊參 錄事有傳以下世次俱佚　孫鼛 司法有傳　沈公調 士曹掾有傳　唐翊以下俱叅軍

皇明

同知

王寅 洪武十二年　王進舍 清苑人洪武中舉人材科　龎嵩 愽興人永樂三年

戴廸 宣德元年　周選 正統十年　蹇弘 十二年

劉貢 景泰四年　李恕 漢陽人天順五年　黄璧 浮梁人成化十二年有傳

鍾熹 十六年　陶永淳 華亭人十八年進士　羅璞 吉水人弘治元年進士

周惠 常熟人十二年　錢朝陽 廬江人十五年進士　高譙 灤州人正德三年進士

張瓛 福山人五年　屈銓 蒲城人七年進士　靳漕 通州人十二年進士

孔庭訓永平人嘉靖七年　孫仝清平衛人十四年　金淳上元人二十年

畢竟恭貴溪人二十一年　王鉞福州中衛人二十二年進士　程默歙縣人二十三年

伍鎧晉江人二十六年進士謫任　俞憲無錫人二十七年進士謫任　潘梅順德人三十一年

王近訥崇陽人舉人三十五年任。守介識敏，不畏權勢。時知府邵齡頗狼籍，近訥每事與忤。齡後遷浙東兵備，近訥遂乞致仕去，士論高之。　鄧學清平衛人四十三年

詹珊浮梁人進士四十四年　李澤晉江人進士隆慶二年　王同讃晉江人進士五年

樂頌臨川人萬曆四年　韓境任丘人六年　許天球婺源人十年任

李膺華亭人進士十一年謫任　張延熙臨桂人十三年任

通判

張名恭洪武十二年　吳敬洪武中建上虞閘有功　朱彤永樂三年有傳

邵政 濟寧人永樂中　褚名 十五年　朱祐 宣德十年

任瑰 正統十年　白王 正統中後陞太守　李棉 天順五年

王繼宗　徐璇 成化三年　于永仁 十六年

張齡 有傳　劉銓 二十一年　蔡必興 二十三年

張麒 弘治十二年　邵遵道 十四年　王翰 正德六年

李昇 七年　梁琮 九年　蘇彰 十一年

熊僑 十五年　陸遠 嘉靖二年　宋尚賓 五年

洪晳 七年　王銓 十年　林文卿 十一年

江軾 十二年　朱侃 十五年

周表 吳人十六年任建三江閘其勞居多見湯太守傳　葉金 十八年

安如山二十年　馬承學二十一年　鄧秀二十四年

周相二十六年　蕭彦二十七年　王淮二十九年

王會三十二年　雷鳴陽三十四年　陳應遷三十六年

蕭惟春三十七年　張賢三十八年

吳成器休寧人。三十八年任。初爲會稽典史，有膽畧，善弓馬，頗諳遁甲。時倭夷擾越境，成器屢有斬獲，以功超擢通判。越中諸村落皆祠祀之。　林仰成三十九年

葛惟能四十四年　董哲四十四年　張宗錦四十五年

張峯進士。隆慶元年　熊烱四年　李芝四年

林琛江陰人。五年　吳之儒萬曆元年

伍希德南昌人。萬曆三年任。操守介然，一毫不妄取。　陳九儀四年

王周紹進士五年　唐可大六年　郭鉞安宜人七年

楊莊恩貢八年　胡懋桂峽江人官生十年　吳麟選貢十二年

徐雰臨桂人十二年　史著勳十三年　葛希賢當陽人歲貢十四年

卜鏜江寧籍吳江人十四年

推官

陳蓊永樂二十年　繆政宣德元年　譚禧前御史正統十三年任

袁通十四年有傳　陳高景泰五年　孫彧鄆城人天順五年

孫斌六年　唐思敬漢陽人舉人　黄璽成化三年

劉芳七年　蔣誼句容人十二年有傳　鄒賢内江人十六年

周進隆莆田人二十二年　尹頌泰和人弘治四年　張正學萊州人舉人九年

諶鏓南昌人舉人十五年　毛伯溫吉水人正德三年有傳　杜盛寶坻人六年

強毅上元人舉人十一年　胡譽新喻人十四年　高凌漢永平人嘉靖二年

喻希禮麻城人六年　李逢豐城人九年　陳讓晉江人十三年有傳

周鳳岐浦城人十七年　袁祖庚長洲人二十二年　王遴霸州人二十七年任歷兵部尚書

羅尚德臨汾人三十六年　張士佩韓城人三十七年歷侍郎　陳烈建安人四十一年

陳文煥臨川人四十四年　黃希憲金谿人隆慶二年御史謫　張孫振桂林人六年

陳大科通州人萬曆五年　吳獻台莆田人八年　陳汝璧沔陽人十一年

米信

經歷以前無志無題名不可考兹自嘉靖中爲始

歐陽昊嘉靖十九年　張復二十四年　楊釆二十八年

黃錦二十九年　歸本三十六年　黃南慶三十八年

鄭觀四十二年　潘潮隆慶三年　曹綬萬曆元年

李誨五年　張可大九年　宮宷十一年

金志道吳縣人十四年

知事

趙崑嘉靖十九年　蘇鵾二十四年　孫秉篪二十九年

何常明三十二年任死倭難贈太僕寺丞立祠　杜時逵三十五年

喬註四十三年　湯敬訓隆慶元年　顧華嶽六年

廖珊萬曆二年　羅作八年　劉應堅九年

喻元隆南昌人十二年

照磨

何賛嘉靖三十二年　朱鳳祥四十一年　徐橋四十二年

金桂隆慶三年　沈金聲六年　馮應召萬曆四年

陳楫六年　余學雍十年　陳策六安州人十四年

紹興府志卷之三十七

紹興府志　卷之三十七

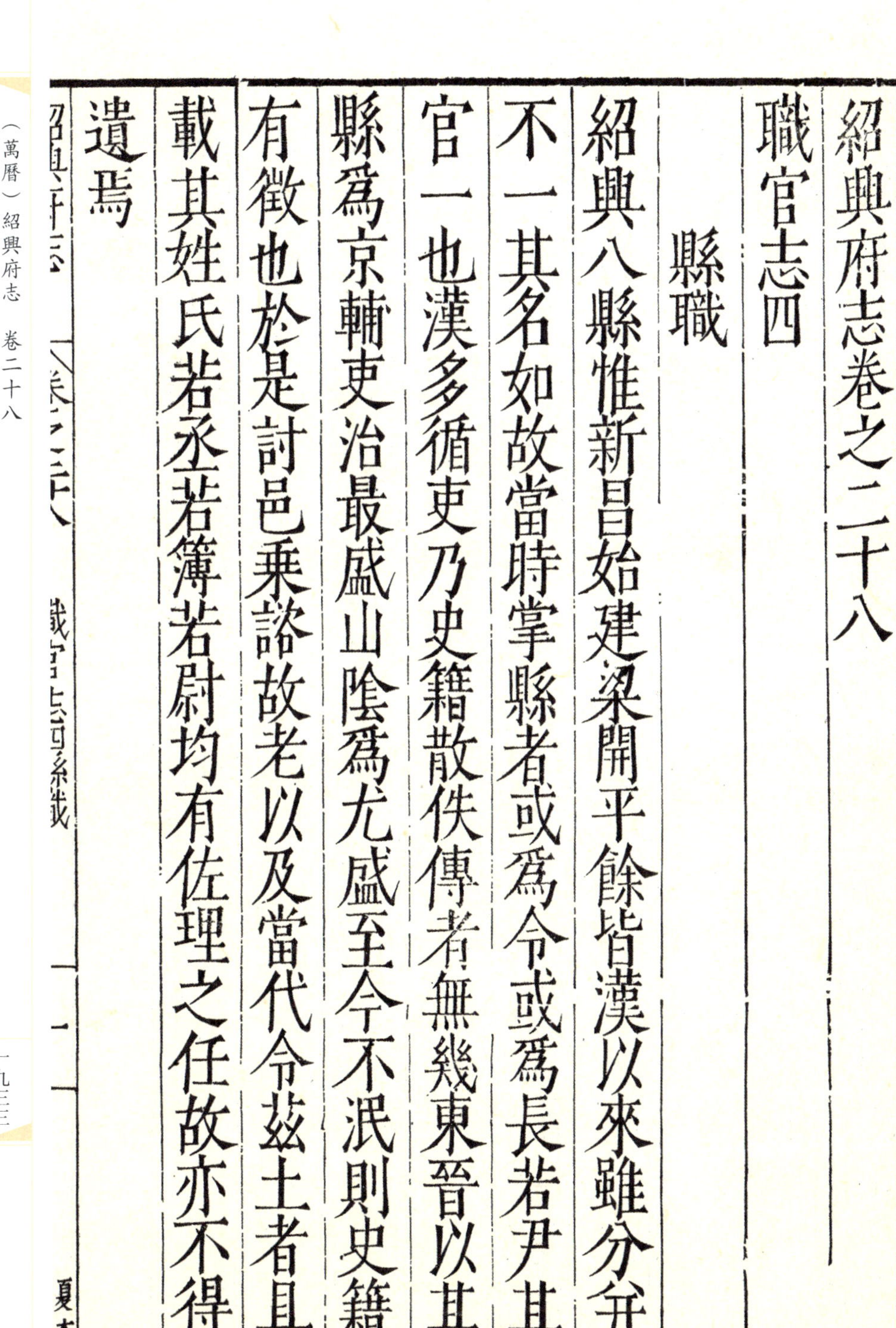

紹興府志卷之二十八

職官志四

縣職

紹興八縣惟新昌始建梁開平餘皆漢以來雖分并不一其名如故當時掌縣者或爲令或爲長若尹其官一也漢多循吏乃史籍散佚傳者無幾東晉以其縣爲京輔吏治最盛山陰爲尤盛至今不泯則史籍有徵也於是討邑乘諮故老以及當代令茲土者具載其姓氏若丞若簿若尉均有佐理之任故亦不得遺焉

令

秦

山陰　厲狄　與項羽起兵山陰令蕭山有厲將軍廟

上虞　蕭誾

漢

山陰　王闟　無錫人建武初任有傳　后恊

上虞　度尚　山陽人永嘉元年有傳　辛敦

三國

山陰　魏滕　上虞人見列傳　吾粲　黃武元年任　朱然　丹陽人由餘姚長遷

葛玄　洪之祖

蕭山　陸凱　後移諸暨長有傳　是時蕭山尚稱永興至唐天寶元年始改今名

餘姚　朱然　後移山陰令有傳　朱桓　吳人有傳　呂岱　廣陵人有傳

上虞　顧雍　後爲本郡丞　濮陽興　後遷本郡守　劉綱　下邳人見寓賢傳

諸暨陸凱　袁嘏　董思容

嵊卜靜吳郡人　賀齊　是時嵊尚稱剡至元始改今名

晉

山陰沈叔任武康人有傳　魏韡　羊旋

江統陳留圉人有傳　于寶新蔡人有傳　王鎮之太和中有傳

魏顗邑人有傳　謝蕤　劉奭東莞莒人

王准之義熙中有傳　顧琛元嘉中至宋遷太守　虞谷餘姚人

蕭山王雅剡人太和中有傳

餘姚山遐懷人建武初有傳　容舒　孫統中都人見寓賢傳

許謐　謝勝永和中　桑沃

楊端

上虞　顔含瑯琊人大興中有傳　傅晞涇陽人有傳　周鵬舉郡人有傳

華茂　徐祚之剡人有傳　王隨之附子鎮之傳

甘豊　王鎮之成帝時歷剡山陰　徐羨之見王倹傳

諸暨　斯展　魏瞳

嵊　周翼高平人有傳　謝奕安之兄　謝衷

山遵　李克一名充鄮人　戴巡

李弘度　路萬齡　殷曠之陳郡人仲堪子

宋

山陰　張岱裕之子大明中有傳　顧凱之元嘉中有傳

江秉之太始中有傳　种貴　和睦

徐豁姑幕人元嘉中有傳　傅僧祐靈州人有傳　孔僉邑人邑志有傳

傅琰僧祐子太和中任遷諸暨昇明元年再任附父傳　顧寶光

陸邵景平初任後遷司馬邑志有傳

蕭山　羊恂景平中　劉僧秀

餘姚　韓景之　張永建元中　何玢之

劉仲道　何恒　明震平原人

上虞　王顒　虞季　虞愿季之弟有傳

陸昉　卞延之濟陰人有傳　王晏弘之孫永光中見王侯傳

文静

諸暨　傅琰元徽中

嵊　王鎮之　周顒元徽初後遷山陰有傳　漆斯

袁襲連　陸終

齊

山陰　王沈東海人有傳　沈憲武康人建元中有傳　周顒建元中

劉玄明臨淮人有傳　傅翽琰之子附祖僧祐傳　王詢永太元年有傳

丘中孚烏程人東昏侯時任梁武帝踐祚再任有傳

蕭山　李蕚永太年

餘姚　左嘉　徐中庸

上虞　周洽有傳　徐陵摛之子後令剡

諸暨　卞彬建武末附父延之傳　于琳之　凌琚之

嵊　張稷永明中有傳　劉昭　周廸

梁

山陰　謝岐邑人有傳　虞育天監中　王騫天監中

沈僧昭武康人　沈浚憲之孫附祖傳

餘姚王籍臨沂人　劉杳天監中有傳　闞潤之

邵桂林　賓階

上虞昃岌　蕭九思　池克恭

諸暨蕭昹有傳　裴子野天監中有傳　求昌言

鈕合　孔繁　元萬期

閩詩　申先之

嵊王懷之　賈叔熊　羊美

陳

山陰褚玠大建中有傳　虞亘　郎機

包頡　丁遵　別浦

于文憲

餘姚沈瑀有傳　展敬　斯干

上虞敬恕　賀拔儵　郁一

嵊徐陵附父摛傳　徐克孝　烏璵

成式

唐

山陰吉材　權益　韋友順京兆人

濮雲　斯忌　牛謙

祁休　姚昺　宰知微

墨通玄　山約　趙彙

徐斗南　甘守忠　張遜乾寧初有傳

馬隴　焦楷

會稽李俊之開元中有傳　李左次　竇伯元洛陽人永太年

李堯年常山人貞元年　王瀠臨沂人元和年　孫孝哲清河人大中年

吳鐐乾寧年有傳

蕭山李士約　葛君

餘姚李穩一名隱　李悰　張辟彊

袁郊

上虞金堯恭寶曆二年有傳　崔協大中元年以户曹攝縣事有傳　藥思復

諸暨羅元開開元中　郭密之天寶中有傳　丘岳大曆中

傅黄中　宣模　李罕

卜允恭　敬躍　許宗之

冷嘉謨　周鏞

嵊　張子胄　王球　郭謙之

洪虬　陳永秩

元

上虞　盧釋

諸暨　趙湜　韋蘊德

宋

山陰　段裴　鞠詠開封人，淳化中　李茂先

陳舜俞熙寧三年，有傳　苗滋　林觀

章甫熙寧中　王鎬　趙汝駉嘉定十六年

林順孫　秉公彥　張橐嘉定中

糜弇 咸淳中

會稽 曾公亮 天聖中有傳　謝景溫 慶曆中後任郡守　劉真長 元豐三年

宋之珍 崇寧年　吳倈　韓球 建炎三年有傳

陸之望 海鹽人紹興中　錢其　范嗣蠡 蘭谿人紹興末

李大正 建安人乾道中　楊憲 淳熙中　吳祖義 縉雲人淳熙中

王時會 四明人紹熙中　歐陽汲 嘉定中　吳行可 福寧人嘉定中

董楷 端平中　高彭 松陽人淳祐中　蔡攀龍 淳祐中

蕭山 杜守一 景德年有傳　蘇壽 武功人祥符中　李宋卿 隴西人天聖二年邑志有傳

王式　苗振 景祐五年　楊時 熙寧九年有傳

俞昌言 金華人大觀三年　曾喜 靖康元年　陳南 紹興中

宋敷　顧冲 錢塘人淳熙中有傳　張暉 有傳

郭淵明 嘉定六年有傳　姚元哲 十七年　高曆 剡人寶祐二年

金炳　胡雲龍 咸淳中

餘姚孫籍 天聖七年　謝景初 慶曆七年有傳　陸煥 八年

江褒 皇祐二年　李廓 四年　王敘 五年

宋廣國 至和二年　裴彥輔 嘉祐六年　曾鯤 治平元年

施邁 熙寧元年　林廸 五年　黃鑄 九年

林萱 莆田人元豐五年　廖天覺 政和二年　范直隱 五年

丁宷 七年　汪思溫 宣和二年有傳　江嶢 六年

李頴士 建炎二年　葉烜 四年　蘇忠 紹興二年

徐端禮 三年　陳時舉 四年　趙子瀟 七年有傳

樓琚 十年　朱伯之 十四年　高敏信 十七年

李碩 二十三年　蘇忠覬 二十六年　王將之 二十九年

趙綱立 三十年　王庋 隆興元年　王湑 二年

王垂 四年　蔡憲 七年　許昌言 八年

㽘觀順 一云㽘順九年　趙公豫 淳熙元年　樓録 三年

范直質 四年　章澐 五年　張渭 八年

李祺壽 十一年　蔣倫 十三年　姜處寅 十四年

湯宋彥 十六年　李申 紹熙三年　施宿 慶元二年有傳

常褚 五年　趙善湘 嘉泰二年後至太守　何沆 開禧元年

洪棹二年　宋深二年　趙希哲嘉定二年

朱拂五年　俞抗八年　王梃十一年

袁肅十五年　陳忠直十六年　王綸十七年

孟繼華寶慶元年　孟黜紹定元年　趙汝熟端平二年

王佖嘉熙二年　劉夔孫四年　陳允平淳祐三年

陳剛翁七年　李庚寶祐二年　趙崇倏景定三年

陳維嘉咸淳七年　趙崇簡八年

上虞

仲贊善　裴煥　王存慶曆中有傳

謝育　陳彥臣　吳堯

余彥明　魏柄臣　張堂

吳著　李景行　朱南強

蔣璘　錢翊　王輿

戴延典　劉禎　趙子珉

席彥魏　詹從儉　謝師德

姜埃　朱俊　陳休錫建炎元年有傳

丁隲　趙不揺紹興初有傳　張轔

宣直道　郁潔　王思

林霔　張紘　柯若欽

錢康　葉顒紹興二十三年有傳　趙澄

周樞　俞翊　方溥

張恕　錢似之　韓康卿

鄭南　章駒　朱佾

汪大定淳熙中有傳　何楷　劉筥吳興人淳祐初邑志有傳

戴閶之　商飛卿臨海人　陳炳長樂人紹興中邑志有傳

林谷　施廣求　王栮

陳偲　張佺齡　鄭杭

趙希惠　孫逢吉　袁君儒

梁鑰　樓灼四明人嘉定末邑志有傳　季湛

高衍孫四明人　趙希賢　胡燿

蓋溥　趙汝珦　劉常先

趙希悅　何宗裴　趙希均

魏珉　史一之　陳寅

鄭天錫　趙崇炎　趙時緻

張瑞秀　廖由　張志立

葉元沐顒之子附父傳　陳漢　邵若墀

陳阜　徐松　陳漢炳之子

諸暨吳育　趙頌　寇仲溫慶曆中有傳

丁寶臣有傳　王登　曾諤

吳文懋邑志有傳　陳端禮邑志有傳　王榕撫州人

錢厚之建炎初附傳　陳煜邑志有傳　羅鍠

趙伯牙　侯文仲　陳協

周彦先　田伯强　姜紹附傳

郭允升邑志有傳　張光　祝求仁

張居廣　孟球　鞏庭之

郭文忠　李珦　郭之運

晏踕　熊克紹興中有傳　李文鑄

林愽厚　姜郊　李伯明

王及　黄庸　趙善石

陳文之　王譙　施一鳴

沈紋　李昌　趙彦樌

史宣之　彭耜天台人　詹彭祖

劉保　趙希錳　薛興祖

劉炳附傳　劉伯曉嘉定中有傳　陳造

趙汝蓀　趙孟堅　王琛

趙希恚　家坤翁寶祐中有傳　吳源

趙希隨　趙仲儕　衛煒

趙必昕　趙良維　蘇緘

章公亮　趙孟迎　鞏游

何喬　江湛　王倫

沈應昌　慕容邦孚　沈愿

嵊　周在田　陳求古　譚雍

魏琰　林槩　章珣

蓋參　沈振錢唐人慶曆初邑志有傳　過昱皇祐三年有傳

高安世嘉祐中邑志有傳　聶長卿熙寧三年　胡格

江相　鄭宗回　劉繪

晏明遠　宋順國　施佐

侯臨　蘇駉　賈公述元豐六年

宋廣國祁之子元祐初前令餘姚　錢長卿　王知元

吳賁　史祁　劉旦

張諤　呂必強　俞應之

符綬　程容　張慶遠

鄒秉鈞　孫汝秩　宋旅宣和中有傳

孫潮　張誠發修城有記　莫伯軫

楊植　應彬字文質仙居人建炎初任有惠政遂留居應家嵓

宋宗年郊之孫有傳　范仲將蜀都人紹興初　姜仲開紹興四年修學有記

錢攄　趙不退　毛鐸

郭康年　蔡純誠　韓晦

李耆年　趙渙之　郭契夫

趙伯懋　任望之　蘇詡

吳幬　陳嘉謨　李耆碩

張商卿　韓元修　鄭逸民

季光弼　成欽亮　張注

李拓　陳謨　劉矩

詹實邑志有傳　葉籠慶元中　周悅

滕璘　胡大年　謝矩伯

楊簡乾道中見郡佐　蔣峴奉化人慶元末　趙汝愚太祖世孫

史安之嘉定中有傳　蔣志行嘉定初　趙彥傳嘉定中修嶁浦廟有記

范鎔　陳厚之　趙師錢太祖八世孫

王埜　劉欽　趙宗伯太祖七世孫

莊同孫　王護　水丘褒錢唐人淳祐中邑志有傳

袁億　張槃　袁徽

陳自牧　王文子　何夢祥寶祐中

俞垓　張必萬　汪懿

周茂育　劉同祖　陳著咸淳四年有傳

李興宗婺州人八年

新昌張公良太平興國中有傳　袁元汝陽人咸平初　唐白景德中

葉均嘉祐七年邑志有傳　詹恭玉山人嘉祐中　任好弥

張日用靜海人元豐中　陳槖餘姚人宣和中　劉滂武義人大觀中

林安宅閩人紹興十二年有傳　虞以良錢唐人二十八年　唐大受括蒼人紹熙元年

錢宏祖台州人嘉定元年邑志有傳　丁璹晉陵人淳祐中有傳　趙時佺宗室寶慶中

王世傑寶祐元年有傳　周俌四年有傳　張珣開慶元年有傳

王噲淳祐元年任子孫因家焉　謝在杼景定五年　吳以佐錢唐人咸淳元年

應俊咸淳中

元

元制縣既有尹又有達魯花赤以監之今所載止於尹不及達魯花赤蓋夷之也而間有賢者則列之名宦傳中是又中國之矣元貞初陞餘姚諸暨二縣爲州尹稱知州他縣稱尹

山陰

高文秀　亘盧翼　開珉

蒲察攸　李如忠　薛依二

廉寶之　趙師道　賈棟真定人邑志有傳

陸澹　馬欽　柴青

吴秀夫常州人

會稽李誠至元十九年　吴晉二十六年　王文質三十年

胡忠至大七年　陳八里台延祐三年　霍文輔太定四年

呂誠元統元年有傳　夏日孜至正四年　趙天祥十一年

周舜臣十九年有傳

蕭山裴思聰至元中有傳　王琛　李適

衛昇　趙鎧　崔嘉訥居延人至正元年吕志有傳

華凱會稽人至正中有傳　於善至正中有傳　尹性十五年有傳

餘姚杜仲仁至元十三年　岳嵩十五年　翟廷玉十六年

孟之達 十八年　龐順 二十三年　陳鑑 二十七年
夏杞 三十年　高慶仁 元貞二年　張德珪 大德元年
羅天祿　完顏從忠　焦簡
元貞　張謙　羅坤載 延祐七年
牧薛飛 至治二年　羅也速歹兒 三年　宋元佐 太定二年
蕭元賓 三年　李恭 關隴人天曆二年有傳　王惟正 至順三年
劉紹賢 至元元年　何蒙 五年　盧汝霖 至正二年
劉明祖 三年　龍霖 四年　朱文瑛 六年
盧夢臣 七年　汪文璟 八年有傳　郭文煜 九年有傳
張祚 十二年　董完 十三年　哲溥化 十七年

汪溶二十三年　李樞二十四年

上虞展熙　李文道　王璘至元末有傳

趙泰　朱文魁　阮惟貞金臺人大德末

張鑑　李德　曹濟

韓仙　徐貞　張垕至治中有傳

孫文煥　許思忠　蕭思溫

王肅　丁允文　智紹先蠡吾人至元二年邑志有傳

張朶兒列歹　李好義保定人至正二年邑志有傳　于嗣宗至正初有傳

張叔溫雲中人八年邑志有傳　林希元至正初有傳　李賡至正中有傳

韓諫至正末有傳　朱克恭　王芳黄岩人

諸暨

馮翼 有傳　于九思 大德中任后遷總管有傳　單慶 十年有傳

楊也速答兒 山西人邑志有傳　陳边 四明人

王慶 龍岡人　靳仁 河南人　王政

嵊

党天祐 寧海人至元二十四年　王喜 二十八年　鄔濟民 寧海人三十一年

李璠 大都人新昌令改　王珪　余洪 元貞二年有傳

宋也先 大德三年邑志有傳　萬愿 與達魯花赤高閭同任有傳　韓持厚 皇慶元年

張忙古歹 延祐中　王瑞　王檜 天曆元年倩用賄以贄因名拜見禮以病追卒于官

趙思誠 至順間　張元輔 後至元中　呂惟良

仇治 有傳　冷瓚 膠西人修學舍諸祠廨各有記　文彭仲 至正八年

趙琬 河南人邑志有傳　丁從正 至正十三年　崔彬 十六年

陳克明至正二十三年任時天下大亂奸民竺氏糾衆爲變執克明至婺州以獻方國珍自是朝選官不復至數年而世運更矣

邢容以邑人攝縣事公平有威亂世賴之後與其弟歸順　國朝

新昌曹德新至元二年　田實開州人　李璠大都人

楊大亨淮人二十九年　完顏從忠女直人至元中後改餘姚

蔣謹鎮江人　王光祖祁州人大德元年　史琥西華人

朱惟忠高唐人　李拱辰至大元年有傳　李廷衍

孫好直寧海人　吳時森杭州人　金鎮徽州人

王綸長垣人天曆元年興學校勸農桑置學田碑刻尚存　張思訥濮州人

徐容信州人　吉植膠西人　王爚

郭璠　張咢　王世忠

梁國樞　朱貞

嵊

山陰戴鵬信都人洪武二年　崔東九年有傳　王時中十二年

張宣　胡志學貴池人二十二年邑志有傳　李祿受三十一年

譚應奎有傳　姜榮三十三年邑志有傳　王應夢

宋昌永樂四年　王耕十二年有傳　李開十五年

李孟吉宣德元年　偰順四年　孫禧九年

錢浩正統元年有傳　李衡二年　王仲德六年

王宣八年　周鐸天順元年有傳　胡璉成化元年

金爵五年有傳　王倬十四年有傳　蕭惠廬陵人十七年

胡琦臨淮人十八年　李良弘治元年有傳　鮑克敏七年

郭東山掖縣人十年　杜宏十四年邑志有傳　張元春新建人十六年

張煥正德五年有傳　孫瓊大庾人九年　顧鐸十四年有傳

吳瀛洛陽人嘉靖二年　楊行中五年有傳　劉昺九年有傳

方廷璽歙人舉人十四年　許東望十九年見統轄　周俊民無錫人二十三年

何璿泰興人二十八年任守介識練清丈田畝至今賴之　葉可成吳江人三十二年

李用榮高唐人三十五年　陳懋觀三十六年自會稽復除有傳　林朝聘閩人三十九年

楊家相江寧人四十四年　張桐泰州人隆慶二年　徐貞明貴溪人五年見去思祠碑

張明藩黃縣人萬曆三年　劉尚志安慶人四年　張鶴鳴徐州人九年

葉重第吳江人未任丁憂

會稽戴鵬洪武元年後改山陰有傳　王宗仁五年邑志有傳　凌漢九年有傳

李昭祿二十一年　余善慶二十五年　鄒魯二十九年有傳

周寅永樂三年　朱孟童八年邑志有傳　王悰十七年

陳暐宣德五年邑志有傳　孫熈正統元年　王倫四年

曹恕五年　劉仲恒七年　賀昂十三年有傳

尹昌景泰七年　陳鑑天順五年　李載永平人成化元年

劉淮七年　郭珙十二年邑志有傳　吳珍沭陽人十四年

巫瑗豐城人十九年　韓祥潁川人二十二年邑志有傳　陳堯弼弘治三年有傳

楊溢無錫人十年　王鍇遼東人十六年　單麟新都人舉人十八年

陳王輝縣人正德四年　李懋丹徒人舉人六年　黃國泰臨清人八年

楊來鳳十年邑志有傳　徐岱威遠人十三年　高世魁十六年邑志有傳

林炳閩人嘉靖五年　王文儒桂林人七年　王教華亭人十一年

牛斗山陽人十五年　吳希孟武進人二十年　華舜欽無錫人二十一年

張鑑二十四年有傳　唐時舉咸寧人二十七年　陳懋觀三十二年

古文炳番陽人三十四年有傳　張進思沁州人三十八年　莊國禎晉江人四十二年

傅良諫臨川人四十六年　楊節祥符人隆慶四年　楊惟新丹徒人萬曆元年

馬洛如皋人四年　吳達可宜興人五年　劉綺沔陽人七年

曹繼孝黃岡人十二年

蕭山

張懋洪武十年有傳　王谷器徽州人十九年邑志有傳　姜仲能四川人二十二年邑志有傳

湯義二十五年　彭彥彬吉水人二十七年邑志有傳　張崇永樂四年有傳

曾永聰 八年　吳汝方 撫州人宣德元年邑志有傳　胡景仁 三年

李珙 泉南人正統二年　蘇琳 蒙陰人八年有傳　朱玉 景泰二年

梁昉 順德人天順四年邑志有傳　竇昱 河南人成化二年　李鞏 武陟人七年有傳

陳瑆 全州人十年邑志有傳　吳淑 宜興人十二年邑志有傳　朱栻 崑山人十八年有傳

趙鑑 壽光人弘治元年邑志有傳　于宏 六年　鄒魯 當塗人九年

楊鐸 莆田人十三年　朱儼 莆田人十七年　吳瓚 休寧人正德三年

王瑋 江浦人七年　伍希周 安福人十年　鮮瑚 四川人舉人十五年

高鵬 蘄州衛人嘉靖元年　秦鎬 三原人二年邑志有傳　張選 無錫人八年邑志有傳

王聘 利津人十二年有傳　蕭敬德 太和人舉人十四年　林策 漳浦人十八年

王世顯 長洲人舉人二十三年　施堯臣 三十年有傳　魏堂 承天人三十三年

歐陽一敬 彭澤人三十九年　趙膚 涇縣人四十一年　李文餘 平和人四十五年

許承周 崑山人隆慶三年　王一乾 太和人六年　陸承憲 華亭人萬曆五年

馬朝錫 新繁人九年　劉會 惠安人十二年

餘姚

陳公達 洪武四年有傳　徐魯詹 南陵人十一年　李清 二十七年

唐復 三十三年邑志有傳　都祖 永樂二年有傳　馮吉 上海人三年前新昌令

王文 十一年　薛文清 長泰人十七年　劉仲戩 廬陵人十七年邑志有傳

黃維 星子人宣德元年邑志有傳　盧祖 封丘人五年　李郁 山陽人監生正統四年

余凱 六年　余克安 上饒人九年　蘇宏 襄陽人十二年

陳敏 巴縣人景泰元年　詹源澤 黃州人五年　金綬 上海人天順元年

張禧 三年有傳　王珩 巴縣人五年　張杰 上海人八年

黄瑜成化二年　劉覞六年有傳　董安漳浦人十二年

胡瀛十五年有傳　賈宗錫常熟人十八年附傳　王貫順天人弘治元年

張弘宜華亭人四年附傳　程玉江西人七年　周霖乾州人九年邑志有傳

董鑄安肅人十五年　顧綸十八年　張瓚正德五年有傳

劉守達開州人八年　呂祚真定人十年　朱約上海人十五年邑志有傳

丘養浩十六年有傳　楚書寧夏人嘉靖四年邑志有傳　楊銓邳州人六年

左傑恩縣人八年　江南濟陽人九年　顧存仁太倉人十一年邑志有傳

顧承芳臨淮人十五年　阮朝策麻城人十九年　劉應箕巴縣人二十四年

胡宗憲績溪人二十八年　沈晃三十年　鄭存仁三十一年

李鳳三十五年　李伯生三十三年　徐養相三十六年

周鳴塤黃州人四十年　張道四十三年　鄧林喬四十五年

李時成隆慶四年　陳昜寧德人萬曆四年　丁懋遜九年

周子文無錫人十四年

上虞

趙允文山東人洪武年有傳　范麟　張翼

黃友直　王惠　王子良

張昱　李惟中　馬馴蘇州人邑志有傳

胡敏鳳翔人永樂年邑志有傳　楊負萬載人邑志有傳　鄭行簡歙人有傳

黃綜宣德年　吳倈　湯振

李景華東筦人正統年邑志有傳　房蔡景泰年　唐啓

吉惠天順年任後遷太守　黃錦成化年　謝綱

邢昊　史俊　林球弘治年

徐縉　蘇奎　陳祥高安人有傳

汪度徽州人正德年有傳　陳言長樂人　伍希儒安福人

劉近光廬陵人　陳獻文　陳大濩長樂人嘉靖年

楊紹芳應城人有傳　江南後改餘姚　左傑自餘姚改任

張光祖潁州人　鄭芸莆田人有傳　莫踰矩桂林人

陳大賓江陵人　熊潢南昌人　陳治安貴州人

張書紳常熟人　李邦義連州人有傳　楊文明南昌人

熊汝器南昌人隆慶年　謝良琦武進人　林庭植福清人萬曆年

賀逢舜弋陽人　朱維藩淮安人　蔡淑達廬州人

諸暨

欒鳳高郵人有傳　田賦洪武元年有傳　任傅文七年

毛原遂十五年　孟貞十九年邑志有傳　張真二十七年有傳

熊禮永樂元年有傳　吳亨十一年有傳　王常江右人十五年

周仕廸臨川人宣德二年　余克安上饒人正統元年　魏傑昭陽人三年

許璽高郵人七年邑志有傳　張鉞十一年有傳　單宇景泰元年自嵊遷

劉必賢滁州人天順五年　曹銓蒲城人八年　黄寬晉江人成化九年

王瓚桂林人舉人二十年　蔣昇祁陽人弘治元年　鄭光輿莆田人舉人八年

熊希古新寧人十一年　潘珎十六年有傳　索承學邳州人正德二年

苗雲安陽人舉人七年　周啓監生九年　馬思聰莆田人十一年

彭瑩大庾人十二年　朱廷立通山人嘉靖三年有傳　周朝倪閩縣人七年

張志選晉江人十年　袁永德東莞人舉人十三年　黎秀樂平人十五年

徐履祥二十一年邑志有傳　李文麟無錫人二十四年　王陳策泰州人二十七年

徐櫆懷遠人舉人三十一年　林富春惠安人三十四年　宋魯葉人舉人三十八年

牛應龍固安人四十二年　梁子琦壽州人隆慶元年　夏念東南城人舉人五年

陳正誼華亭人萬曆二年　楊一麟新建人舉人八年　謝與思番禺人九年

汪應泰臨清人十四年

嵊

高孜洪武七年　江瀾廣信人三十年邑志有傳　龍淵三十二年邑志有傳

譚思敬永樂十年有傳　湯禎蕪湖人進士十五年　劉應祖江西人宣德中

胡深直隸人　嚴恪江西人邑志有傳　徐雍常州人正統元年邑志有傳

嚴猷三年　單宇南昌人進士邑志有傳　徐士淵定遠人四年有傳

孟文 山西人八年邑志有傳　王琦 江寧人景泰五年　張鵠 銅梁人天順中

敖瑜 新喻人　李春 成化二年邑志有傳　許岳英 八年有傳

張鵠 銅梁人十三年　劉清 德化人進士十六年邑志有傳　周詹 武直人進士十八年

夏完 華亭人二十一年　臧鳳 曲阜人進士弘治五年有傳　徐恂 嘉定人十一年

李吉 十八年　李昆 正德三年　張萱 五年邑志有傳

林誠通 十年邑志有傳　鄭嵒 十四年　姚惟賓 江陰人十五年

謝秩 分宜人嘉靖五年　譚松 德化人七年有傳　呂革 歙縣人十一年

楊旻 射洪人十八年　譚潛 太平人二十三年　鍾天瑞 番禺人二十六年

姜周 蘇州人二十八年　温易 廣西人三十年　吳三畏 有傳

朱資 莆田人三十七年　陳宗慶 金溪人三十八年　林森 四十一年有傳

薛周岳州人隆慶六年　朱一栢寧國人邑志有傳　譚禮新淦人萬曆四年

姜克昌丹徒人八年　萬民紀南城人十二年

新昌

周文祥洪武元年有傳　賈驥四年有傳　明福十六年

劉彬江都人永樂元年　馮吉三年　石鎔宣德元年

鍾簾三年　雷蓋望江人復姓朱正統中　牟正初

黃聰武城人景泰五年　毛鵜成化元年　黃著吳江人六年

李楫上杭人十一年　樂經滁陽人十四年　王進

唐學麻城人　程傳績溪人俱成化中　唐夔有傳弘治中

楊琛宜興人　芮思宜興人　姚隆上元人邑志有傳

薛文易淮安人　黃銘莆田人　毛震太倉人正德七年

曾時豐城人邑志有傳　涂相南昌人十三年　佟應龍嘉靖元年有傳

曹祥太倉人四年　姜地鄱陽人十四年　劉瑞爵廣東人二十年

曹天憲浮梁人有傳　宋賢華亭人有傳　何孟倫新會人二十九年

卓爾長樂人三十一年　林應采莆田人三十三年　萬鵬武進人有傳

張汝楠臨桂人三十六年　刁伋寶應人歲貢四十一年　蕭敏道南昌人四十五年

李之達東鄉人隆慶四年　謝廷試晉江人六年　田琯大田人萬曆二年

劉廷蕙潭州人九年　錢達道宜興人十四年

丞

唐　蕭山李令思年次佚

元　新昌陳顯青州人開平中

宋

山陰　胡稷言　嘉祐中以授經於胡瑗既致仕仍賜緋衣銀魚　徐垓　德祐中

會稽　季知元　龍泉人政和中初除撫州法曹轉知江陰簡易不擾召主國子簿朞月改會稽丞

趙師帮　慶元初朱晦翁壻

蕭山　趙善濟　四明人乾道中有傳　方信儒　開禧年任剛直有為吏民畏愛　鄭承議　附趙善濟傳

餘姚　馮榮叟　紹興中　晏敦臨　黃仁儉

上虞　婁寅亮　有傳　汪公亮　附婁寅亮傳　張漸　以下年次佚

樓梈　郭契敷　襄邑人　姜郜　范承蒙

張佖　周大綬　張元需　王賓

諸暨　全授　政和中任嘗攝縣方臘犯境率鄉民禦之

嵊　季祐之　以下年次佚　林通　苗元裔　沈昇

毛亶　常偉　趙士叟　許縠

魯颸　劉佺　呂横　王中孚

時璹　韓愿胄　章騆　周玭

吳補　高子注　陳戊　梁立

吳道夫　陳彭壽　項鷃　唐仲義

蘇彬　陳昌年　楊浚　樓淵四川人嘉泰中

俞杭以下年次佚　沈俊心　解汝爲　楊遵

張子榮　應泰之　趙崇謏太宗九世孫

劉厚南　王爽倫　高不倨　章世昌

董夢程　姜琛　黃履　呂元圭

葉癸 汪煇 吳如岡 程梓

木德藻 方士說 李結紹興末 汪履道年次佚

新昌 楊愿年次佚後遷郡判官

元

時餘姚諸暨二縣丞稱州同知他縣稱丞

山陰 戴正鄱陽人至正中有傳

會稽 薛起宗至元中 姜周翰至治初 王元承元統初 程脫因至正中

彭仲宣有傳 郭郁年次佚

餘姚 蕭脩巳至元中 王士志以年次佚 劉郁 丘鐸

張成 劉榮 王玠 趙孟貫

侍其毅 趙允中 周徵 夏賜孫延祐中

王淵 年次佚　鐵閭　楊思義　賈策 天曆中

何真童 至順中　徐容 信州人　宇文公諒 有傳　劉輝 有傳

李適祖　宋天祥 至正中　李英　戴翔

海朝宗

諸暨　李王 真定人年次佚　孫琪 臨沂人　白澤　袁曮 四明人

張守正 至正中　邵儼 高郵人

嵊　汪庭 至元中　徐瑞 至治中　郭性存 諸暨人　于凱 臨海人元統中

王光祖 滕州人至正中

【國朝】

山陰　周允恭 永豐人洪武中　王述 天順中　田昱 成化中　劉良 淮安人

賴珪　尤繼良　楊寬 弘治中　孔公翊 正德中

任顒　劉愷　王澤　汪文嘉靖中

應佐江都人有傳　曾瑄　嚴學　劉試茶陵人

楊威荊州人　王文誥貴州人　金誂金谿人進士謫　陳應占嘉定人

滕槐全州人　任大壯河間人　熊級德化人　陶冶雲南人

潘標新城人隆慶中　吳廷臣　劉中萬曆中　費慶之

王詔　鄭日輝莆田人

會稽

胡中　陸平永樂中有傳　余仲堅　韓英天順中

馬馴成化中　王衡　易坤　史瑄弘治中

李鏡　吳能　楊英正德中　袁漁

張璠　朱繪　張時中　石繼芳嘉靖中

廖振纓　吳漢　吳希孟武進人進士謫陞本縣知縣

羅尚介　徐節　金瑤休寧人　張談

孔璉壽州人　王瑚貴州人　韓良弼襄陽人　萬良勳南昌人

喻南岱新建人　羅璧賀縣人隆慶中　田槐丹徒人萬曆中　唐九成

郁學詩　施宗堯　張啓忠安義人

蕭山

崔權洪武中　黎清有傳　熊以淵靖安人有傳　劉得遠永樂中

石麟宣德中　李孟淳景泰中　王瑾　姚義天順中

于友　劉璧成化中　何鋹弘治中　焦玘

倪萍安仁人　李孟春正德中　阮璉有傳　董信嵩縣人

吳嵩吳江人嘉靖中　劉鰲清河人　潘棠宿遷人　潘坤山陽人

楊喬鉛山人　張暀德州人　閻中倫潁州人　徐端武城人

萬鵬合肥人　華崙句容人　張儀懷安人　陳第江都人

鄭薦石城人隆慶中　王嘉賓沛縣人選貢萬曆中署縣有幹局而守甚潔後遷某縣令

黄希周羅源人　陳理青陽人　張愷　黄裳南城人

王箕海澄人

餘姚

胡寧太平人永樂中　王顴正統中　蕭瑛襄陽人　宋貴華

馬髙嘉定人　周貫　羅靖景泰中　吴忞

劉方天順中　陳纓成化中　李寔廣安人　沈績弘治中

于英　金幹　王珙　黄璀

魏珊揚州人　楊昌廷正德中　蘇青　謝忞

魏居仁嘉靖中　廖振纓　宋鎬　陸浙吳江人

金韶太倉人有傳　徐璣武進人　甯守初　羅鈇

趙鏜　江東鳴　滕瑶　范選

郭鎔隆慶中　姜珙　涂用中萬曆中　周寶

賀嘉邦　王道行　江原岷

上虞

賈企洪武中　達貫道　蕭伯成　魏季清

馬志文　張名　吳敏學　薛恭

田玉永樂中　陸和　林東長　趙智宣德中

呂洪　張準　毛誠正統中　張瑾

李璋景泰中　陳榮　蔣仕欣成化中　雷福弘治中

王利

張煬　張邦憲　劉文華　屈必登歸州人正德中

陳昂江夏人　陳大道四川人進士嘉靖中　楊岱建寧人　陳世文潛山人

陳采華亭人　曹愽長洲人　王萬珀　韓梅

李守王　林庭枌閩人　傅誘　蕭與成太倉人

李治懷晉江人　馬如龍太倉人　王鍊枝江人隆慶中　濮陽傅廣德人

周德恒涇縣人萬曆中　徐紳　周時武長洲人

諸暨

樂毅洪武中　陳剛臨川人　馬文聰閩人　蕭九萬有傳

朱庸泰城人永樂中　錢顯吳江人　李思義河南人　閔霖鄱陽人

強溫景泰中　段輔文水人舉人　李鐸成化中　謝翺

李祥曲沃人　畢震淮安人　張南涇縣人弘治中　徐海宜城人

蔡沂遼東人　張輔潁川人　蘇潤石埭人　楊榮泰和人正德中

董信　吳中南安人　胡釆丹徒人嘉靖中　金純天長人

沈槩吳江人　孫鑛蜀人　唐讞　李之茂四川人

鄭憲武進人　陳金太湖人　陸汝亨長洲人　戴乾蕪湖人

鄭珊新城人隆慶中　冐承祖如人　王祐亳州人萬曆中　甘祖諫豐城人

徐冉祁門人　俞藻　周天道休寧人

嵊

方顯觀正統中　郭朴　張祥天順中　方玘成化中

齊倫　程賢　帥玠弘治中　陳璧

何裕　王謨　霍鐸正德中　何鳳

王伯當有傳　許鉠　黃知常西安人　許錦嘉靖中

鄒順民濟南人　馬鉄上海人　藍佐　潘佾宣化人

張東陽四川人　陳明德梧州人　張綸上海人　林文芳龍溪人

李曉上元人　陳文標福清人　王廷臣　甘蕃豐城人

奚偉揚州人隆慶中　童奐歐寧人　黃袞通州人萬曆中　林濟卿福建人

李時春　陳嘉謨　吳鶚鳴宣城人

莫如能新昌人宣德中　譚昇景泰中　吳清天順中　趙浩成化中

汪琦弘治中　陳珪　王冲正德中　郭森山西人

王東　侯祖德有傳　聶椎　王中羽

姜樑嘉靖中　胡廷瑞　郭珂新城人　廖淳監利人

劉昇華亭人　魏廷輔虞人　唐濟美安遠人　方仕靖江人

顧正傳華亭人　林士弘瓊山人　張彩武進人　楊遇春寧國人隆慶中

徐瑀華亭人萬曆中　黃佐鉛山人　王鉉　張軒霍丘人

簿

唐

諸暨王琚懷州人睿宗年

宋

山陰范致君崇寧中任充邢州學教授撰崇寧聖德興學頌　陸游紹興中

會稽林日華紹興中任棄官還鄉王十朋以詩送之　徐詡蒲城人

餘姚李子筠有傳熙寧中　陳宋輔仙居人覺民之子政和初進士首論二蔡坐貶

聶應泰紹興中　王絪

諸暨吳處厚渤海人皇祐進士嘉祐中任扁其齋曰逍遥而爲之記記載邑志中其他詩文在山川記多雄奇可喜　吳存睦括倉人年次佚

嵊 文繩世以下年次佚　劉仕野　吳雍　陳友仁

馬思僖　蔣鐸　刁駿　靳擴

蘇林　江儔括倉人乾道中　鄭圭以下年次佚　葉梓

趙崇覞太祖九世孫　陳秉禮　趙善恕　鄭伯衍

鄭宰　錢觀光　邊沂　姜強立

趙原夫　李密　陳廸　徐愿嘉定中

沈文心以下年次佚　沈文煥　趙必冏太宗十世孫　王宇孫

劉興祖　吳松　王鎔　賈煥

藏子文

新昌 何清卿紹熙中　孫子祥年次佚

元時餘姚諸暨簿稱判官他縣稱簿

會稽孟潼天曆中　買驢至正中　毛彥顏同彭仲宣傳

蕭山王泰亨大德中　周彥祥寶婺人至順間孝行政績著稱一邑

劉伯煥至正初　趙誠宛平人有傳

餘姚徐溫以下年次佚　趙麟　張伯惠　王英

張維剛　史孝純　李世寧　尹珝

李椿　段好古　張理　王世敬

蕭政　王思恭　趙增　李讓

鄒潤祖　汪文璟常山人後知本州　方君玉

牛彬天曆中　張志學　唐儁　石林五夫年次佚

楊文傑　李仲良　葉恒鄞人至元中有傳

花判官名佚至正中　楊興祖　陳永　傅常鉛山人有傳

程邦民　元生

上虞孟逞　余自明　時鑑　相京

孫彧　燕桂卿　楊天佐　張光祖

葉瑞　賈謙　史潤祖京兆人　李敏

王應成　李珪　朱珎

諸暨柯謙天台人有傳　黃溍義烏人有傳　白龍　李質鎮江人致和中

許汝霖剡人至正中　呂誠新安人

嵊閔濟至元中　董貞　程嶸　周敬之

耿伯通　劉仲達元貞中　楊謙大德中　傅光龍
辛昭　趙與仁皇慶中　張華　魏恭延祐中
薛良弼　韓汝揖泰定中　傅偕至順中　元大明至元中
魏邦凱　程沖全椒人至正中　徐天錫
新昌　張璉山東人　劉不花大名人　蕭化龍婺州人　李濟饒州人
李德曹州人　張秉彝漢人　唐林平江人　徐元平江人
白茂宜興人　梁裕汴州人　耿誠深州人　高翰相州人
廉鑄　吳元魯通許人　蕭將仕　尹守約

明

山陰　鞠斌有傳永樂初　陸振天順初　陳記成化中　石誠
開銓　趙慶　劉琚弘治中　徐儁

王世良　徐梁　李範　陳鑰正德中

張銳　匡直　張淮　田秀嘉靖中

王世隆　施容　賀恩　李浩

楊世昌盱眙人　黄復亨　胡鑾　吳宗周廬州人

葉士元　崔舉膚施人　陳一中龍溪人　董乾

彭思揚安仁人　譚紹基閩人隆馨　禹貢　王澤萬曆中

楊夢奇寧國人由貢服官清慎一毫無染邑人思之　王鯉　范旹

胡遜志貴池人

會稽鍾璵洪武中　潘希禹永樂中　趙慶　劉魁

王宗器　龔良天順中　黄仲成化中　劉聚

吳誠　陳端弘治中　曹憲　黃禎正德中

穆昺　曹震　易昶　張傑

楊晉　趙鎰嘉靖中　鍾仕遠　蔣環

徐節　盧紘　錢可勤丹徒人　張恩應天人

陸玠廣西人　安守義恩南人　楊初亳州人隆慶中　王建極亳州人

唐自治華亭人　唐琦陽山人萬曆中　趙令　汪太平

馬仕元　李憲章興化人　浦謨常熟人

蕭山

張執中洪武中　師整汶上人　李翔永樂中　周仁南昌人正統中

商顯宗洛陽人成化中　劉守正泰安人弘治　羅志貴州人　蘇綱正德中

任俊　葉芳全山衛人　高仲芳宿遷人嘉靖中　鄭沂武進人

王良弼西安人　王九敘陽曲人　王尚志永城人　劉應科西和人

張塘陽城人　程鏜黃梅人　吳臬餘干人　俞鉞常熟人

張沛嘉定人　胡祥膚濤人隆慶　祝廷實荊州人　朱煥章六安人萬曆

胡元學黟縣人　康承學祁門人　朱登墀上猶人

餘姚秦猷舒城人永樂中　張祥泗州人　金翥宣德中　王典

吳成正統中　許文　李顯天順中　陳諒

張勛有傳成化中　方旋　趙奎　陳聰

喬嶽弘治中　梁紹　劉希賢宣城人有傳　劉希賢復除

陳瑄　張世忠正德中　彭瓘　任恩

朱鑭　陳泰嘉靖中　彭英　詹鵬歙縣人

李光義清水人　繆鳳　孫相　朱臣

張恩　竇槃　凌東漢　汪肥

方澤　姚濂隆慶中　孫旦　李序

馬元齡萬曆中　宗周　路汝讓　王雲同

顧應乾興化人

上虞

白惟奴洪武中　韓雲　史文郁　崔子敬

李熙　徐魚文　姚文用　姚德行

夏令永樂中　劉仲環　方端宣德中　周澄

田茂景泰中　賀珣天順中　林欽弘治中　陳恕

王珣　劉一中正德中　衛儒　王文室太原人

陳紹臯延平人　蔣士忻　鄭瓏嘉靖中　張得陝西人

夏曦長洲人　胡坤　閔廷才萬曆中　周邦相安福人

諸暨

魏忠滁州人洪武中　史子疇有傳　喬升淮甸人宣德中　榮世華

鞠茂登州人　劉恂　萬師尹自樹遷宣德中　李茂弋陽人正統中

李雅侯官人天順中　李謙衡陽人　齊子芳　任弘道磁州人

甘燦閩人成化中　鄭欽閩人弘治中　謝成延平人　楊華玉山人

陳椿遼東人　龍雲靖州人正德中　宋天與閩人　汪淪大理衛人

俞江吳江人嘉靖中　郭琪鳳陽人　潘思敬廣西人　潘文節弋陽人

方凱合肥人　李幹茂名人　方文淵貴溪人　劉瑄太倉人

鄒勲吳江人　彭懷初青城隆慶中　習節峽江人　王道貞寶應人萬曆中

葛自訓桃源人　李謩　陳鑛　李思誠豐城人

嵊

張道安洪武中　康寧　徐遠成清流人正統中　馬興甯定人天順中

劉清山東人成化中　馬騰文安人　牛麟永平人　郝逵懷慶人

鄭[王扁]惠州人弘治中　周仕祖莆田人　遲銘高郵人　阮淮池州人

沈瀾如皋人　張鵬正德中　韓椿　黃通

江紀　朱組華亭人嘉靖中　符廷祥曲阜人　秦錫祥符人

張大興興縣人　朱顯　夏金　姜偉

譚章　宗之鳳　韋希舜　郭璘贛州人隆慶中

吳祺無錫人有傳　汪一鳳萬曆中　張羅　楊慎春

鄭輅南城人　林顥香山人　邢箴

新昌曾衍有傳，洪武中　於仕進　郭讓永樂中　李鐙成化中

任志　李盛之弘治中　周聰以後新昌主簿奏裁

尉

吳

上虞華覈武進人，有傳

唐

山陰崔國輔玄宗年　孫逖年次佚

蕭山丘丹臨平人，永泰年

諸暨嚴維山陰人

宋

山陰翁仲通治朱儲陡門　鄭嘉正福清人，俠之孫，紹興中任，以幹理稱

會稽喻叔奇王十朋有贈詩并序　梁安老擅詩名，見邑山川志

徐次鐸有傳，慶元中　趙與懽嘉定中任，附次鐸傳

鄭虎臣吳人德祐初賈似道得罪詔貶高州團練副使循州安置遣尉監押虎臣以父讐欣然請行窘辱似道靡所不至卒殺之於木綿庵時論快之

蕭山　宋昌期行縣尉燕王簿　游酢建陽人元豐中有傳　丁大全

餘姚　葛良嗣麗水人嘉祐中　楊襲瑋附斈筠傳　史浩鄞人　魏杞俱紹興中

沈煥定海人隆興中任後移上虞尉　趙伯威紹熙中　陳鍾慶元中

史彌迥嘉泰中　范金嘉定中　趙時鏞　葉鑄寶慶中

張士遜景定中　吳化龍咸淳中

上虞　方申伯政和中　孫廣年次佚　沈煥定海人乾道中　薛寇年次佚

錢績　薛思魯

嵊　吳秉以下年次佚　宋易　薛鎡　潘晝

牙閔　楊炬　程衍　侯祀

林懋能　祝溥　陸銓　師顏

吳正國　張汞　魏典祖　楊文隆

張芝孫　張德羽　劉次中　謝深甫有傳

趙師向太祖八世孫　陳紀　于汝功　鍾闡

林昇　向士貴　趙壂　錢聞善

胡之邵　宋元老　趙崇元太宗九世孫　支文

趙彥垠　吳元章　任譙之　黃飛

姜漸　邵三傑　汪之翰　趙善士太宗七世孫

孫寬夫　趙時邇　向儀　曹良度

趙必巽太宗十世孫　李補　施復孫淳祐中　於琭

徐湙

元

時餘姚諸暨尉稱吏目他縣有尉又有典史見元史百官志今各縣志獨有尉唯上虞新昌二志尉與典史皆備云

山陰　李良佐年次佚

會稽　洪鈞天曆中　王恭至元中

蕭山　王振大名人大德中任明決有爲建學著蹟　陳英至元中

餘姚　馬驥鉅野人至元中任後移嵊尉　張彥恭至治中　楊嗣宗年次佚　陳天珏天曆中

沈思齊至順中　陳彬至正中　李致堯　席齊卿

章伯高　顧有

上虞　吳源以下皆尉　張興　馬鯨　王政

楊誠　朱晉臣　翟諒　翟居德

耿聰　劉仁　陳甫　袁居敬

趙元齡宛丘人有傳　鄭仲賢　張學祖　董祥

楊孟文　吳質　曹處恭　酈士銑

沈浩以下皆典史　貝處仁　苗得實　蔣新

朱瑞　王瑞　王顥　趙璧

葉懋　毛克已　王翼　吳文慶

李雄　徐文華　鄭元慶　湯國清

張彬　徐天麟　陳拱　吳貴

郎榮　翁鍾榮　葉廸　周善富

劉榮　周德允　王允中　高文煒

徐文杰　王世英　陶煜

嵊張棟至元中　韓進　馬驥以廉幹聞父老立碑記其蹟

范天祐　孫應慶元貞中　郭忠　張元嗣大德中

張德温　胡漢卿延祐中　徐垓　佳崇善至順中

葉仁元統中　謝元琮至元中

新昌信桂以下皆尉　劉子傑　郭居敬　蘇康鈞

曹寓　王珍　康孝祖　郭亨

李崇訓　宋居敬上虞人　費良能　李忠

師紹先　阮鉉保定人　張興新南昌人　袁居敬皆典史

李世吉　張智　趙淮　范義

吳俊亨杭州人　劉澤　辛大用漢州人　呂從義

李椿　吳澤諸暨人　李毅　王顒

馬天驥　侯華江陰人　趙裕淮人　趙瑞溫州人

鮑文嚴州人　毛文瑞衢州人　徐世榮建州人　趙岳處州人

陶浩宣州人　陳垕常州人　余必榮徽州人　曾唯

邵信饒州人　胡澄湖州人　冷復高郵人　洪可台州人

皇明

山陰

陽春有傳洪武中　黃昇有傳永樂中　周源成化中　崔武

劉壽弘治中　丁順忠　黃憲正德中　高忠

翟文鳳　許德嚴嘉靖中　王瑚　方伯昇

林公輔　王京壽州人　高淮江都人　王應可莆田人

于尚文遷安人　王愷六安州人　林文漢閩人　何洧隆慶中

黄鍊　王淑卿崑山人萬曆中　秦邦恩　萬言中

黄應科福清人　吴友賢

會稽

鄒魯鳳陽人洪武中任後陞本縣知縣　趙斌永樂中　高彬成化中

伍安　張弘弘治中　孫溫　李祥

徐傑正德中　張以倉　林祥福　吴德嘉靖中

李廷芳　王璧　林希俊　游世華

吴成器休寧人遷府判　朱自強蒙陰人　李炳豐城人　盧粱潛山人隆慶中

張欽合肥人　高文秀萬曆中　李慧　何誨高要人

蕭山　陸靖汪洪武中　李應斌永樂中　謝昂成化中　張興弘治中
吳傑正德中　鄒仲和嘉靖中　劉恭　陳吉豐城人
陳舉懷遠人　周鸞信陽人　李銓安仁人　龔綬丹徒人
王元貞盱眙人　秦大良臨淮人　張奎巴陵人　陳清莆田人
朱會莆田人　魏勉南昌人隆慶中　蔣思澤全州人　任涔豐城人萬曆中
王朝賓侯官人　杜邦無錫人　徐閔吳江人
餘姚　劉勉正統中　楊茂　高敏天順中　胡膚
張聰成化中　陳瑞　林富　曾瑛
李才冑　郭宏弘治中　唐榮　葉香
徐真正德中　李成　張魁松江人　陳佐

于詢嘉靖中　劉文璁淮安人　歐陽京太和人　吴富

李鍾　彭逵　何願　高克修

胡大寬隆慶中　胡楦　梅守儉萬曆中　涂經

黄佐　李從秀同安人

上虞倪弼洪武中　王政　楊澄　蕭政

師高昌　張斅　林原　賀珣天順中

張翰正德中　穆崧　楊詔豐城人　袁震

吴鳴鳳蘇州人　俞桂興化人　潘正海　徐廷芳

林泰　張實　鄒仲箎萬曆中　史曦金壇人

諸暨張仲文江右人洪武中　楊德仁　謝琰永樂中　萬師尹南昌人

汪朝源歙縣人　徐麒武進人正統中　喬斌　楊彬貴溪人

杜恭溎縣人成化中　張豪　鄒魯直隸人　林斌福建人

譚忠南雄人　吳家淇閩人弘治中　廖忠新淦人　高玉邳州人正德中

于浚沭陽人　李朴吳縣人　王原鳳翔人嘉靖中　徐輻永豐人

盧潮郴城人　潘子祁廣東人　高榮詔湖廣人　陳儀舒城人

許曰恭莆田人　李時陝州人　何錄南昌人　羅江巴陵人

曾應祐豐城人　賈廣壽州人隆慶中　陳善衡陽人萬曆中　胡思漢

甘伯龍　汪東巖石埭人

嵊

石友璘洪武中　舒紳池州人宣德中　王綜正統中　符綽

馮和清流人景泰中　陳虎河南人天順中　唐琛廣東人成化中　劉雲山東人

趙鉞上海人弘治中　戴鎬星子人　張京　蔣俊平江人
鄒崑正德中　吳榮　劉玉　貢悅
韓景宣鳳陽人嘉靖中　馬容淮安人　盧毘莆田人　鄭誠
鄭伯卿福建人　蔣銀湖廣人　徐綎常州人　李大節應城人
孫汝明　徐紳　陳周嘉定人　周守陽新喻人萬曆中
羅位　李暘　傅秉伊上高人
新昌鄒端豐城人景泰中　龔銘成化中　鄭延光　石昂弘治中
葛清　卜箴江都人嘉靖中　趙祿德州人　朱禧上海人
劉曙高要人　孫仲仁和州人　李烱邵武人　張若虞莆田人
姜啓文餘干人隆慶中　危子儀建寧人萬曆中　朱琳當塗人　吳源歙縣人

汪林

劉淙豐城人

紹興府志卷之二十八

紹興府志卷之二十九

職官志五

學職

古者守令即爲師帥政與教未嘗二也後世政詳於刑賦而忽教化於是以其責委之學官漢唐以來固嘗趣黌舍於郡縣而吾越無徵焉前志皆自宋元始我

明學官監於近代秩雖卑而責專矣兹故具列其人如左蓋重之不敢忽爾

教授府學一人

（萬曆）紹興府志 卷二十九 二〇一一

宋

黃彥 熙寧中　陳公輔 臨海人政和中　劉一止 歸安人建炎中有傳

何備 龍泉人紹興中有傳　王義朝 紹興中見寓賢傳　朱倬 閩人有傳

項安世 松陽人寧宗時有傳　劉洵直 莆田人以下年次佚　林椅 麗水人

元

梁相 以下年次俱佚　范文英　曾小隱

樓思屋　高榮龍 餘姚人大德中　陳景灝 諸暨人

楊緍 諸暨人

皇明

朱卓 臨川人洪武中　王儼 自山陰教諭遷　王俊華 有傳

孫貞 豐城人　劉章 成化中　劉衢

羅璧　方重　凌樞 弘治中

張厥中　鄭洪　何璧

吳璽正德中　龔正輔　盧綸

唐卿　童楷　楊文命

李惟貴太倉人舉人嘉靖中　陶賀樂平人　林顯高州人

秦京武進人　劉瑞蔡　楊世瑞福建人舉人

江貞徽州人　梁以蘅新會人舉人有傳　陳捷南海人舉人

陳宗器富順人　袁希燦峽江人　劉袞鹽城人舉人

呂恕順天人舉人　平章東昌人隆慶中　顧大典吳江人進士

姜𤅬進賢人　曹司勳宜興人進士萬曆中　韓登虹縣人

黄袞莆田人進士　寸邦顯　謝應典莆田人進士

吳可大常熟人　王守勝江西人舉人　孫可賢嚴州人

教諭各縣學一人○元元貞初餘姚諸暨陞州置學正他縣教諭

宋

餘姚 沈希賢 咸淳中

嵊 解南翔 昌州人景定中 洪一鵬 天台人咸淳中 孫應家 桐廬人年次佚

新昌 戴壽吉 四明人咸淳中

元

山陰 孫原蕣 餘姚人大德中

會稽 岑伯玉 餘姚人至元中 王希賢 餘姚人 王若拙 大德中

童桂 太定中邑志有傳 陳起宗 元統中 張用康 至正中

蕭山 王爂 山陰人至元中 陳虡父 天台人舉人大德中 李自强 餘姚人延祐中

趙孟善 至元中 戴子静 邑人舉人至正初 趙子漸 金華人有傳

王應中 諸暨人

餘姚楊友仁延祐中　孔思則至正中　趙德莊

徐雙老　汪焱　劉中可

鄭涔　蔣履泰　趙棣

上虞方仲達餘姚人以下年次佚　黃廷詔三山人　黃和中邑人

李炎午蜀人　徐公著錢塘人　趙與權三山人

陸時舉婺人　張烈錢塘人　談志道越人

史范卿鄞人　張酉先餘姚人　趙文炳剡人

汪與懋鄞人　王叔發暨陽人　喻舉越人

任士林奉化人　周師式剡人　唐定金華人

厲和甫天台人　嚴重鄞人　陳紹彥奉化人

林景仁天台人　張謙三衢人　項禹之永嘉人
繆元果天台人　戴喻三衢人　潘國賓永嘉人
金鉞永嘉人　史公順鄞人　王蘅金華人
柳元珪邑人　胡德輔邑人　施澤金華人
徐景熙三衢人　余克讓三衢人　孫去棘鄞人
朱棨慈谿人　陳子暈奉化人邑志有傳　陳友諒
鄭桐餘姚人　胡璉餘姚人
嵊周潛孫　俞巳　何翥邑人
趙文炳　張杰　劉悌上虞人
俞楊　張文發　李子照蕭山人

張蒙亨上虞人　韓悅道郡人　汪宜老慶元人

葉元害温州人　鄭大觀餘姚人　王瑞

楊仲恕慶元人　徐鵬處州人　胡德助諸暨人

楊至天台人　丁裕鄞人　黄德允太平人

趙復鄞人　趙源　孔克樵鄞人

項昱温州人　沈讓　趙辰孫

楊國用餘姚人延祐中

新昌潘起邑人以下年次佚　狄處仁邑人　戴現台州人

王遇采剡人　俞受邑人　俞公炳邑人

鄭玲永嘉人　方夢開閩人　應詠道

吴大同上虞人　陸時舉諸暨人　管景中台州人

林時中杭州人　吴天雷諸暨人　朱成子剡人

潘一雷邑人　李幸僊居人　鍾合會稽人

舒叔獻寧海人　宗明義婺州人　董康孫杭州人

許敏真定人　張泳涯婺州人　趙嗣照温州人

黄棟台州人　金華台州人　陳衍越人

葉載采台州人至治中邑志有傳　王應及台州人　顔應懽昌國人

程良真温州人　徐有立上虞人　葉德之處州人

劉文昭婺州人　陸可伊温州人

山陰　明　王儼武中薦辟洪　韓宜可列傳邑人見　何樵有傳永樂中

黄昇宣德中　呂彝正統中　陳祿策景泰中

王志洪天順中　姚良成化中　嚴彪

陳崇儒　傅廸　周剛弘治中

賴從善　黄仕宜　劉朝輿

李文顯正德中　彭僎　崔復秀靈川人，邑志有傳

汪瀚　林斌嘉靖中　費寧鉛山人

蘭錡楊州人　張佐　諸應潮上海人

王鐸宜章人　羅煥　王朝華亭人

黄志伊番禺人，舉人，隆慶中　陳善肇慶人　沈質上元人

彭大翔楊州人，舉人，萬曆中　程蒙吉常熟人，舉人　傅良言臨川人，舉人

蔣廷堅晋江人　朱璟吉水人　王原會稽

李仲虞天台人洪武中　蔣鑄永樂中

丘九思正統中　楊必達天順中　陳華玉

趙英成化中　林橙　羅文

陳崇儒　陳元禄弘治中　徐夢麒

黄相　楊輔邳州人進士正德中　李林松

陳璉　張槩　陳驥嘉靖中

劉有生　陳來　徐棡淮安人舉人

張鏊銅陵人　陳才汾縣人　劉璞長洲人舉人

余城莆陽人舉人　錢廉華亭人　張秉學上海人

陳其範莆田人舉人隆慶中　劉鈺瓊山人　蔣璠海鹽人萬曆中

黃起先莆田人舉人　徐伯温蘭溪人　孫性之南昌人

蕭山朱右臨海人洪武中　周巽　陳顏仍宣德中邑志有傳

商瑜黃梅人舉人正統中　劉寬太和人景泰中邑志有傳　王讓姑蘇人天順中

葉藻山陽人成化中　石正金陵人　鄭遷善莆田人舉人

林有言莆田人舉人弘治中　張桓儀真人舉人　梁魁武進人舉人

楊武嘉定人舉人正德中　萬楷武陵人舉人　蕭仁長沙人嘉靖中

方傑新建人　丁奎華容人舉人　周易貴溪人

朱堉建安人　林則時懷安人舉人　陳僖自嵊遷

成果鹽城人舉人　鄔惟韁新昌人　雷沛江陵人舉人隆慶中

龔明邵武人　黃時濟豐城人舉人萬曆中　莊重蘇州人舉人

何良勲黃巖人　應楠慈谿人舉人　施尊

餘姚許泰邑人薦辟洪武中　岑文璧邑人

黃金鉉　林覲寧德人　陳慶宣德中

程晶　王懋池州人正統中　高敏漳浦人

羅昇太和人景泰中　張崇德　胡壁龍溪人成化中

姚倬　陳璘武進人弘治中　李烜浮梁人

蕭夔太和人　陳汝玉莆田人　易宗化攸縣人

范曾巴縣人　譚璋臨桂人正德中有傳　吳瑛

梁應太和人　徐鉞嘉靖中　陳珪

王諫　彭漢　李瑗

李時雍　危麒　潘時

劉尚平　王球　莊天恩

周大章　梁自新隆慶中　程蒙吉

方齊　徐進堂萬曆中　譚大始

黃堺　何其聰　林一煥

馬應龍

上虞孫叔正洪武中　孫思忠　李仲文

朱升　霍敬　盛安丹徒人

陳英安福人　魏福建安人永樂中　薛常生邑人進士

黄榮應天人宣德中　趙濟　魯巨川太和人正統中
盛景金華人舉人景泰中　顧璉安福人　高應淮安人舉人成化中
趙泰安福人　劉唯貫安福人　陳仲堅
馬慶淮安人舉人有傳　李長源莆田人弘治中　曹脩武進人
趙勣常熟人舉人　胡傑臨桂人舉人正德中　陳轍閩人
白經儀真人　虞楚鄱陽人嘉靖中　張全婺源人舉人
嚴潮松溪人舉人　邵達道都昌人　趙大華莆田人舉人
葉壽春太倉人　葉廷模海陽人舉人　陳思學雲南人舉人
劉田長洲人舉人　張濤來安人　劉瑱臨安人隆慶中
何天德宣化人舉人　李綸長洲人　朱信亮南昌人舉人萬曆中

李志龍晋江人舉人　楊麟邵武人　程克昌星子人舉人

諸暨陳嘉謨邑人薦辟洪武中　張世昌邑人　陶猶邑人

袁時億東安人有傳　陳誠閩人　糜煥儀真人

任泰巢縣人　羅伯初廬陵人永樂中邑志有傳　柯長寧國人舉人

成紀吳縣人　包岡三山人宣德中　李崇桂陽人正統中

熊相清江人　江淪天順中　周祐貴溪人成化中

陳立閩人舉人　黃表　謝瓛吳縣人舉人

吳華福清人弘治中　蕭承恭吉水人舉人　甯欽衡陽人舉人正德中有傳

徐中太倉人　聶曼金谿人舉人　黃銑邵武人舉人

胡晟歙縣人嘉靖中　李俊高安人　尹一仁安福人舉人有傳

彭璋崇安人　何忠藎星子人　鄭惟邦侯官人

楊遜竹溪人　尹魁永新人　林志同安人

謝襜泰興人　王汝振舉人隆慶中　陳源南昌人

鄭鄉當塗人　施宗軻青陽人萬曆中　徐應宿定海人

許希旦　張應雷

嵊

周巽洪武中　王文合邑人元舉人　湯輔弋陽人進士邑志有傳

黄份永樂中　劉士賢　舒伸宣德中

楊贊貫福建人正統中　馮鋌歐寧人景泰中　戴委浮梁人天順中邑志有傳

陳烜閩人舉人成化中邑志有傳　林元立　顧纘莆田人

孫敬　吳泰江陰人舉人　余成潮陽人弘治中

房玉節金堂人舉人　許選漳浦人舉人正德中　葉欽德興人

王崑宜川人舉人　武昔溧水人舉人嘉靖中　黄仁歸善人

劉以真安福人舉人　蔡于蕃僊游人　王臣南平人

張梅句容人舉人邑志有傳　林朝卿江陵人舉人　喻曉潛江人舉人

雍世哲閬人舉人　王言長樂人　韓天衢涇陽人舉人隆慶中

張維表長樂人　王天和永豐人萬曆中本學陞　王振漢

章木　陳塾　楊繼朝

新昌

陳仲初邑人薦辟　章廷端洪武中見薦辟　周夔邑人見薦辟

饒仲謀永樂中　王安　胡式宣德中

梁矩　王璚　徐研景泰中

王道成化中　葉明　李寅

李澄　譚尚賓正德中　韓鎮

沈霆嘉靖中　陳良猷晉江人　趙任餘干人

許淵黟縣人邑志有傳　周坤福州人有傳　伍鎡臨川人

段求本廬陵人舉人　陳祿福建人　錢用商吳江人舉人

李祝融縣人舉人　宋大經高唐人隆慶中　王一化泰興人

徐漢西安人萬曆中　尹志

訓導府學四人各縣學二人

元

會稽喻舉大德中　薛元德天曆中　傅巖至正中

餘姚汪恚邑人至元中　鄭夔邑人見儒林傳　趙由浩

楊璲邑人見儒林傳　孫阮蒙　陳當

蕭山陳適四明人舉人大德中

諸暨張世昌以下年次佚　俞長孺新昌人有傳　陸以道無錫人

包英江陰人

皇明

府學張辰諸暨人薦辟洪武中　胡春　梁致育高要人永樂中有傳

鄭玄宣德中　戴冠蘇州人曾修郡志弘治中　祝杰

吳嵩正德中　劉朝綱　吳淳

盧綸後陞教授　唐溥　羅邦瑞

冷昶　王瓛　曹增

劉資　陳箴侯官人嘉靖中　林文淵

曾昇南城人　曹曾　陳晃

蔚材合淝人　蕭貴用邵武人　甯璋南城人

劉廣洙廣東人　歐陽洋　王臣延平人

支節蘇州人　童登南京人　程端楷歙縣人

曹尚志郴州人　許棋蘇州人　陳瑞上饒人

徐伯鳳貴溪人　林鉦福建人　詹甘雨東觀人

范鎬衡陽人　劉恩鳳陽人　陳銓福建人

杜元亨福寧人　李曉　黃金良高郵人

陸思明華亭人　張鑑泰州人　陳塏福寧人

楊紹肅湖廣人　王言靖江人隆慶中　劉應夢信豐人

施仁龍溪人　林德夫龍溪人　曾王璽龍陽人

周鳳来平湖人　陳秉吉太和人　張純湖廣人

謝以選廣東人　滕夢鶴六安人萬曆中　胡昉徽州人舉人

郭師文翁源人　侯懷德曲江人　王尚賓杭州人

張國紀湖州人　黄鎮國杭州人　吴炳思台州人

徐楚才徽州人　陳蕙芳温州人

山陰

陳韶蕭山人薦辟洪武中　薛正言新昌人薦辟　王受益有傳

李斌正統中　李伯璵邑志有傳　郭鄭景泰中

鄭浩天順中　李珏　譚淵成化中

謝芳　李寅　鄭選

徐貴弘治中　崔紀　朱鳫

方芬　賴紹　黃聯

鄒覲　黃式　徐粲正德中

李淮　吳瑛　李文明

熊新　劉鳳鳴嘉靖中　王昇

陳文瀚　鍾爵　鄭克恭福清人邑志有傳

芮褒　郭弘愷　高中孚太倉人

張朝理　何漑　葉文科

蕭仁太和人　胡朝紳長汀人　張煥

馬勳華亭人　蕭鯨高苑人隆慶中　汪大晃太平人

金伯良華亭人　張煥松江人萬曆中　吳槐六安人

黄在袞番禺人舉人　李時春高要人　王庭黙

陳必用鄞縣人　凌既明安吉人　徐鐸江陵人

會稽王在餘姚人洪武中　王中永樂中　郭全宣德中

吳文澄天順中　謝芳山陰移成化中　鄒禮弘治中

徐貴　崔紀　吳彰德

彭賢正德中　陳璘　張正

王心　林文昇　詹詔嘉靖中

舒哲　陳詧　錢湧

廖應斗　范希滂　林憲

王和

吳懋臣　羅禮泰和人　彭遵教萬載人

舒秀　徐循序　楊文冨

欒惠民　王克一　陶寅臨洮人

張彥欽石首人　鄭薦蕪湖人隆慶中　陸守中金壇人

秦濟淮安人　盛廷彌臨安人　姚佑旌德人萬曆中

房栱鳳陽人　楊梓霄開封人　潘文秀新城人

張紱仁和人　何衡武義人

周郁蕭山人洪武中　屠任嵊人薦辟　阮端卿邑人

王翦如皋人邑志有傳　徐端蒙邑人薦辟　高震華亭人永樂中

陳赳邑人舉人　錢復亨　祝以中南昌人

曾本先成化中　李渤浮梁人舉人　丁昊長洲人

查庸太倉人弘治中　蕭綬姑蘇人　李塤鄱陽人舉人

劉用姑蘇人　李遇春遼陽人舉人　宋禴上海人正德中

何重四會人舉人　余蘊饒平人舉人　高明

吳昂休寧人　劉禎　蕭瑋太和人嘉靖中

任柱東莞人舉人　龍輔新淦人　阮文塤羅源人

王鑾衡陽人　劉滌三水人　周建中曲江人

楊銳沅陵人　蔚楷合淝人　揭琦廣昌人

姚仁華亭人　劉宗文邵武人　吳采仁壽人

徐演邵武人　朱金徐州人　黎仲時桂陽人

池鍾慶歐寧人　王師禹和州人　卞邦顯武進人

張惟表長樂人隆慶中　朱良相餘干人　竇守中壽光人

呂端性永康人　李早連城人萬曆中　羅胤克淮安人

馬一化順德人舉人　解子愚即墨人　李懋仁太倉人

龍訓長興人　楊季天台人　邵元寵長泰人

餘姚

趙宜生邑人見儒林傳洪武中　王至邑人薦辟　華彥高邑人

岑宗鵾邑人　單抱源　華彥良邑人

王升山陰人　劉敘永樂中　詹頊樂平人宣德中

華孟勤邑人正統中　林彌贊莆田人　鄭賢莆田人

童養性德興人景泰中　王鈍金壇人　王拱辰成化中

曹瓚　姚瑄弘治中　林大霖莆田人

俞昂永豐人　王璵上海人　王福長洲人

方準浮梁人　鄭光琬莆田人正德中　張善繼懷安人

蘇子受海陽人　陸懷烏撒衛人　雷世懋清流人

詹拱浦城人　張世冝懷安人嘉靖中　謝賢貴溪人

陳元龍溪人　毛仲麟豐城人　劉邦才慈利人

譚大綱　諸應朝　李時龍

汪梓　張標　宋守元

季允濟　許導　李惠

朱煦隆慶中　吳憲　梁榜

鍾梧　嚴而泰萬曆中　張瑚
周邦新　王臣　高鎣
閻九經　謝思謙　鄭從善

上虞

任素邑人洪武中　黄韶邑人　薛文舉邑人見薦辟
夏中孚　俞尚禮邑人　臧元安會稽人
趙鳴玉會稽人　陳謨邑人永樂中　陳秉文
王衡宜興人宣德中　康勉上海人　郭惟中龍泉人
何林洪閩人正統中　楊瓛長洲人景泰中　朱復莆田人天順中
歐陽進安福人　惠榮長洲人舉人成化中　潘貴
朱豫安福人　方公瓚莆田人　羅清荊門人

陳繹
王洛沂長樂人弘治中
蕭充鄱陽人

張伏婺源人
陸嘉鯉桂林人舉人
陳怡鄱陽人

王朝臣安福人舉人
鄭深正德中
左璧涇縣人

王思明
符璽新喻人
易文元桂林人舉人

彭英萬安人嘉靖中有傳
陸翱太倉人
吳演新建人

林應鴻福寧人
桂薰贛縣人
夏梁溆浦人

魯舟泰和人
王守業寧陽人
王仁諫太和人

張會分宜人
周廷詔巢縣人
唐敏上海人

孫榮職鄭州人
朱黻宜春人
金九皐武進人隆慶中

俞寅無錫人
張文炳江陵人
宋應奎雩都人

馮瑆費縣人　朱灝清遠人萬曆中　張宣臨海人

張仲河東莞人　戴士完鄞縣人　謝璿建安人舉人

諸暨

陳曄洪武中　陳堯　孟時邑人

郭日孜邑人　姚珂邑人　郭同邑人

梁棟郡人　舒魁天台人　林宻閩人

張禎京口人永樂中　楊澄福建人舉人　周晃

吳端壽張人天順中　謝樂山舉人　王昌順金溪人

方濬莆田人舉人　朱旻崑山人　李永有傳成化中

李譙廬陵人　吳英宜興人　林鑑海陽人

周澤太倉人　陳洙莆田人舉人　丘雍邵武人弘治中

王恂應天人　湯景賢應天人　曹英崇仁人正德中

錢山當塗人　王雍太和舉人　俞旺順昌人

王輔海康人嘉靖中　袁塘祥符人　吳秉壽歙人

雷萬石　王聰安義人　侯崇學曲江人

陳頡　曾漢陽江人　孔載通州人

王朝宗江西人　黄堂山東人　袁勤豐城人

施乾元宣城人　劉龍興化人　呂中臨南海人

雲行廣德人　王自修上蔡人　熊祥安義人

劉培江都人　廖志道上杭人　畢諾大河衛人隆慶中

鄭鄉當塗人　楊坡無錫人　高桂無錫人萬曆中

顧世承華亭人　丁世臣長洲人　凌褎

譚任　謝國泰　許松

嵊

錢莊洪武中　施震天台人邑志有傳　胡愚鄞人邑志有傳

王蘭邑人　吳元亮僊居人有傳　周詢廬陵人正統中

王敏河南人天順中　鄭亨華亭人舉人　李灝固始人舉人

王洪江寧人成化中　連銘安福人　許昌同安人

胡啓南平人　方輿廣平人弘治中　湯浩丹徒人

林世瑞閩人舉人　周俅莆田人　馬玹

歐陽英太和人　胡顒辰州人正德中　何隆邵武人

王佐臨川人嘉靖中　王貢泰州人　曾伯宗東鄉人

鄭琛惠安人　許梁閩清人　石泰長沙人

黃積慶金谿人　謝恪當塗人　張德輝來安人

江學曾青陽人　徐鑾上饒人　常棠江浦人

陳僖廣德人　李瑚吉水人　車軒咸寧人

徐鐸南城人　華國章無錫人　王天和有傳隆慶中

郭克昌廬江人　曹文儒永康人萬曆中　潘恒懼景寧人

傅遜　王汝源歸安人學有淵源行尤醇飭　趙棟

陳賓

新昌朱瀌洪武中　蔡思賢　陳文中邑人薦辟

呂不用邑人見隱逸傳　何友諒宣德中薦辟　郭元亮天台人

李坊 景泰中　莫旦 吳江人 見序志　戴珣

黄芳 弘治中　陳曰淑 莆田人　王若禹

王瑞　孫逵　許紘

黄潛　盧昇 正德中　尹潮

朱鉞 崇明人 嘉靖中　李翺 江西人　許效賢 莆田人 有傳

吳晟 東鄉人　吳紳 徽州人　徐憲 高郵人 邑志有傳

陳良材 沅陵人　張守仁 山東人　孔學周 合肥人

李文學 上海人　李裕 福建人　劉瑱 清江人

余經 桐城人　尤琢 無錫人　譚璣 萍鄉人

董輅 泰州人 隆慶中　吳朝翰 臨川人　朱綬 綿州人

陳棟昌化人　戴邦王廣德人　金澈於潛人

羅九敘廣東人　王師古　張斗樞

以上學職自宋元迄我

明其制頗同其人可考也而宋元時又有學錄山長學錄則宋魏亨之上虞人元留堅吳簡松江人稽山書院山長則宋石待旦吳觀陳非熊並新昌人元申屠震陳漢臣俞樾並諸暨人蘭亭書院山長則元王中元山陰人和靖書院山長則元黃叔英徐艮葉顒顒吳人學有端緒尤長於詩龔璛程郇戚祖象婺州人高節書院山長則宋徐興隋岑翔龍元張澍山陰人卓彌高王葯劉

仲寶桂彥良胡秉常陶安姑孰人應仲珍金止善楊瑛劉彬丁誠陳子昌二戴書院山長則王通叟連山徐德嘉時應龍葉仲禮朱枋朱道坦謝慶集慶人楊瑞周宗光趙必恭伯顏王仲庸戩惟肅諸人姓名散見史志中而年籍有不可盡核者今姑附錄於此以備其官且不沒其人云爾其間賢有徵者類見諸傳中

紹興府志卷之二十九

職官志六

武職

秦漢時有關内侯賞功而諸郡典武職甲卒則以屬郡尉今之衛侯寔無此二職焉承平久世將子或不習武人皆易之然二百餘年來戰將亦往往間出夫募精勇者或白衣授祿秩今既有祿秩且轄戎伍矣設以時程其藝能明賞罰進退之夫孰不思奮不然徒以世賞縻焉更使得以優游覆短非策矣衛有指揮使同知僉事鎮撫亦有進都指揮者所有千戶百戶所鎮撫其初皆以軍功顯今具列其姓名見襲者

附之庶核武者有考焉

都指揮僉事

紹興衛吳京 祖達開國功洪武十六年授中所百戶京襲征倭功隆慶元年陞授歷陞廣東潮州參將

指揮使

紹興衛黃榮 開國功洪武九年授今孫崗襲中萬曆五年武舉陞署都指揮同知湖廣郴桂守備

杜仕賢 靖難功洪武三十五年授今孫希顏襲

白勝 靖難功洪武三十五年授今孫本襲

乃彥帖木兒 歸順充小旗靖難功洪武三十五年授賜姓禮今孫節襲

方伯 祖成開國功洪武二十七年授後所百戶伯襲征倭功嘉靖某年陞授歷陞廣東參將

俞世隆 征夷功萬曆五年授

臨山衛

李璋靖難功永樂元年授令孫文升襲

王擺矢靖難功永樂四年授令孫施仁優給

馬自道祖成靖難功洪武三十五年授指揮同知自道襲征倭功萬曆二年陞授令子如錦襲

觀海衛

胡守仁祖應海開國功洪武二十一年授百戶守仁襲征倭功嘉靖四十二年陞授歷陞都督僉事浙江總兵今回衛

孫得旺靖難功洪武三十五年授令孫藎臣襲陞直隷劉家河把總

王義靖難功洪武三十五年授令孫穆襲

丁世恩祖貴靖難功永樂八年授指揮僉事世恩襲殺倭功嘉靖四十年陞授仍署都指揮僉事

指揮同知

紹興衛

馮成開國功景泰元年授令孫大紀襲陞署指揮使

陳興靖難功洪武三十五年授今孫應武襲陞署指揮使

察罕帖木兒歸順征蠻功洪武二十七年授賜姓戴今孫應吉襲

胡玉開國功洪武二十六年授今孫應元襲

臨山衛

趙全靖難功永樂二年授今孫九思優給

觀海衛

梁順靖難功永樂元年授今孫守愚襲陞直隷副總兵回衛

楊官顯靖難陣亡功永樂四年授今孫樹勛優給

指揮僉事

火瑛祖旺開國功洪武某年授指揮僉事由河南山西調瑛襲征賊功景泰三年陞授今孫天禎襲

紹興衛

成德開國功洪武二十七年授今孫大器襲陞台金嚴參將

何聚開國功成化元年授今孫天衢襲

劉勝開國功洪武二十六年授今孫巨安襲

曹慶靖難功洪武三十五年授今孫應魁襲　王于成靖難功洪武三十五年授今孫雲鰲襲

李驢兒靖難功洪武三十五年授今孫三省襲　張三罕征虜功永樂七年授今孫全忠襲

胡大受征倭功嘉靖四十五年授

臨山衛

李允歸附陣亡功洪武十八年授今孫逢春襲

楊春父楊清從軍春代役年深洪武二十七年授今孫春輝襲

徐禎父徐福投附授百戶禎襲追賊功洪武二十九年陞授今孫應龍襲

劉得征越州功洪武二十五年授今孫大方襲　戚恕靖難功永樂二年授今孫九皐襲

盛忠靖難功洪武三十五年授今孫世傑襲

賈衡祖良臣開國功洪武某年授副千戶衡襲征賊功景泰三年陞授今孫祥襲

馬全祖馴靖難功永樂三年授正千戶全襲征賊功景泰三年陞授今孫行健襲

崔本 靖難功洪武三十五年授今孫科襲

王成 征虜功永樂八年授今孫遠襲

張應奎 祖敏征虜功永樂八年授正千戶應奎襲禦倭陣亡嘉靖三十四年陞授今孫京襲

毛希遂 嘉靖三十八年武舉陞授署職歷陞參將

林之杞 萬曆十一年武舉陞授署職總兵標下把總

倪國泰 萬曆十一年武舉陞授署職福建把總

觀海衛

秦懋 父葆開國功授副千戶懋襲年深洪武二十七年陞授今孫大章襲

吳源 開國功洪武二十七年授今孫光祖襲

陳智 靖難功洪武三十五年授今孫邦憲優給

鄭興 靖難功洪武三十五年授今孫邦奇襲

栗四 靖難功永樂八年授今孫天爵襲

梁保 靖難功洪武三十五年授今孫玉襲

王斌 父亮開國功斌授正千戶征賊功景泰元年陞授今孫可大襲

潘貴 靖難功洪武三十五年授今孫瑞龍襲

李成 靖難功洪武三十五年授今孫學顏襲

張羽開國功洪武二年授令孫應選襲歷陞杭嘉湖參將回衛

李會龍祖整靖難功洪武三十五年授正千戶會龍襲禦倭陣亡弟應麒陞一級襲授

尹國祥祖璧開國功洪武二十八年授正千戶國祥襲征賊功萬曆七年陞授

衛鎮撫

紹興衛

周巽開國功洪武四年授令孫于德襲

許福靖難功洪武三十五年授令孫應亨襲

李臺開國功洪武十七年授令孫榮祖襲

臨山衛

劉榮屯種功洪武二十六年授令孫萬鍾優給

王裕征夷功洪武三十五年授令孫宰襲

觀海衛

李拜住靖難陣亡功永樂二年授令孫燧襲歷陞神機管佐擊回衛

汪成靖難功洪武三十五年授令孫俊襲

正千戶

紹興左所　汪勝開國功景泰三年授令孫瀾襲　張福開國功洪武二十八年授令孫策襲

不蘭奚歸附靖難功洪武三十五年授賜姓張令孫世祿襲

中所　董旺征蠻功洪武三十五年授令孫應奎襲　沈秀靖難功洪武三十五年授令孫大全襲

前所　周福征虜功正統十六年授令孫雷襲陞署指揮僉事

余荒歌征夷功景泰三年授令孫登襲

後所　王真歸附功洪武二十六年授令孫應龍襲

三江所　何源開國功洪武二十八年授令孫導襲

王輔祖伍小旗輔襲收復縣治功隆慶元年授令孫承勳襲

臨山左所　周忠開國功洪武二十八年授令孫良襲　涂壽開國功洪武二十五年授令孫良才襲

右所　張英征賊功洪武二十七年授令孫楝襲　陳勝靖難功洪武二十五年授令孫上策襲

趙珊征倭功嘉靖四十五年授副千戶陣亡子應科襲加陞署職

中所　高順開國功洪武二十四年授令孫科襲

前所　納達孫歸附功洪武二年授賜姓普令孫文化襲

後所　周旺靖難功洪武三十五年授令孫誥襲

三山所　劉端靖難功洪武三十五年授虎賁左衛後所宣德三年調令孫元卿襲

瀝海所　祁買住歸附征夷功永樂　年授臨山衛指揮同知子真殘疾　年降襲令孫山襲

觀海左所　傅彬靖難功洪武三十五年授令孫良弼襲

陳椿祖伯祥歸順功洪武三十五年授百戶椿襲征倭陣亡嘉靖三十七年子策襲陞授

右所　王貴靖難功洪武三十五年授令孫天祥襲

許衡父冬開國功授百戶衡襲年深洪武二十七年陞授令孫陞優給

中所　齊仲美靖難功洪武三十五年授今孫家襲　張林歸附征蠻功洪武二十六年授今孫元功襲

前所　姜興父雄開國功授百戶興襲永樂二十三年陞授今孫京襲

後所　胡得王靖難功洪武三十五年授今孫思忠襲

龍山所　錢興父典雙靖難陣亡興有功永樂八年授今孫華襲

王谷靖難父子七人陣亡功永樂元年孫受襲授今孫鞏圖襲

副千戶

紹興左所　楊榮開國功洪武二十六年授今孫城襲　許得成靖難功洪武三十五年授今孫大英襲

唐亨靖難功永樂二年授今孫臣襲

右所　董聚開國功洪武二十一年授今孫龍襲歷陞廣西都指揮僉事

劉聚開國功洪武十八年授今孫意襲歷陞東海把總

解成征虜功宣德六年授令孫經襲

中所

李實開國功洪武二十七年授令孫承祖襲

張貴開國功洪武十年授令孫文讚襲

楊真開國功洪武三十五年授令孫一經襲歷陞廣東西山叅將

前所

楊榮靖難功洪武三十四年授令孫大亨襲

周成開國功洪武二十五年授令孫懷東襲

張林開國功宣德六年授令孫武光襲

李勝開國功洪武十五年授令孫木襲

袁全開國功洪武二十年授令孫佶襲

後所

朱銘開國功洪武五年授令孫振襲

徐典開國功洪武二十六年授令孫子懿襲

三江所

陶春開國功成化十一年授令孫邦襲

孫福開國功洪武十八年授令孫敏學襲

孫福靖難功洪武三十五年授令孫琯襲

臨山左所

龔政征東功永樂十四年授令孫陞優給

夏福一 垛集陣亡功[illegible]年授今孫應期襲納授指揮僉事

右所

張福 開國功洪武二十九年授今孫繼恩襲

中所

郝虎 開國功洪武二十七年授今孫子龍襲

董十萬 開國功洪武二十三年授今孫權襲

槐寶 開國功[illegible]年授今孫卿襲

前所

丁福 靖難歸順功永樂二年授今孫世美襲

楊旺 祖真開國功洪武二十九年授百户旺襲征賊功景泰三年陞授署職今孫國威襲

後所

闞成 開國功洪武二十二年授今孫武卿襲

鄭三 靖難功洪武三十五年授今孫世勳襲

王鑑 祖真開國功洪武二十四年授百户鑑襲征賊功景泰三年陞授今孫朝宰襲

三山所

王奇 開國功洪武三十八年授今孫繼先襲

吉禎 文禎開國功授百户禎襲年深洪武二十七年陞授今孫有功襲

王進　靖難功洪武三十五年授山西太平前衛前所宣德四年調今孫乾襲

張和　祖福征蠻功　年授百戶和襲征賊功景泰元年陞授今孫繼勳襲

瀝海所

鄧才　開國功洪武　年授今孫希禹襲

郭旺　開國功洪武　年授今孫啓明襲

高進中　衛陣攻城功　年授保定中衛中所　調今孫國禎襲

張義　靖難功　年授今孫麟襲

王守正　祖成征賊功　年授百戶守正襲征倭陣亡嘉靖　年子京陞襲今孫成學優給

張永　祖貴開國功洪武　年授百戶永襲禦倭陣亡嘉靖　年子武臣陞襲

觀海左所

劉聚保　父成開國功授百戶聚保襲年深洪武二十七年陞授今孫震亨襲

李六　靖難功洪武三十五年授今孫萬全襲

梁材　征倭并征賊功萬曆五年授

右所　黃榮開國功洪武三十年授今孫卷襲

中所　馬龍開國功洪武二十三年授今孫登瀛襲　王山開國功洪武二十三年授今孫有道襲

前所　范谷保靖難功洪武三十五年授今孫天文襲

後所　王宗靖難功洪武三十五年授今孫鎔襲　張福靖難功洪武三十五年授今孫嵩襲

張榮靖難功洪武三十五年授今孫鶴鳴襲

龍山所　張忠父吉開國功忠征蠻功年深洪武二十七年授今孫信襲

李貴靖難功洪武三十五年授今孫應光襲

范奇開國功洪武二十八年子敬襲授今孫升襲

所鎮撫

紹興中所　朱子名征賊功景泰元年授今孫守恩襲

前所藍遇春開國功洪武十八年授今孫守祿襲

三江所李興征蠻功正統十三年授今孫世全襲　仇保征勇功永樂十七年授今孫邦宰襲

臨山左所劉能靖難功洪武三十五年授今孫福襲　李達征夷功永樂十二年授今孫春芳襲

右所孫斌靖難功洪武三十五年授今孫世用襲　胡牛兒靖難陣亡功子海永樂五年襲授今孫綸襲

中所鄭大靖難功洪武三十五年授今孫完襲　衛龍開國功洪武三年授今孫椹襲

周書萬曆五年武舉授署職

前所李郁靖難功永樂元年授今孫仁襲　徐世卿萬曆十一年武舉授署職

後所謝源靖難功洪武三十五年授今孫藨襲　鄭艮征蠻功永樂十四年授今孫濂襲

三山所王朶烈禿開國功洪武二十一年授貴赤衛二十六年調臨觀所二十七年又調今孫制襲

瀝海所宋興開國功洪武二十七年授今孫世美襲

王羔兒征夷功永樂年授今孫大成襲

觀海左所

馬旺靖難功洪武三十五年授今孫世龍襲　張福征夷功永樂五年授今孫應隆襲

陳應辰征賊功萬曆九年授署職

右所

安貴靖難功永樂二年授今孫萬國襲

中所

才遇春開國功洪武二十三年授今孫文奎襲　尤祖本征夷功永樂十八年授今孫鈇襲

前所

解用靖難功洪武三十五年今孫京襲　陳記僧征夷功永樂十八年授今孫天祿襲

後所

谷成靖難功洪武三十五年授今孫秀襲

百戶

紹興左所

孫官二征賊功洪武二十四年授今孫應奎襲　徐旺歸附開國功洪武十九年授今孫思忠襲

徐福靖難功洪武三十五年授今孫表襲　潘興開國功洪武十七年授今孫直襲

張得林開國功洪武十七年授今孫顯襲　施保子開國功洪武二十二年授今孫洽襲

胡璉靖難功景泰元年授今孫統炤襲　劉貴開國功洪武年授今孫世臣襲

朱成開國功洪武十七年授今孫岳襲　宋興二靖難功永樂十年授今孫良臣襲

右所

范成開國功洪武二十五年授今孫朝恩襲歷陞蘇松游擊

李伍靖難功洪熙元年授今孫夢獅襲　陳福開國功洪武元年授今孫上策襲

彭通開國功洪武二十七年授今孫祖賢襲　陸聚開國功洪武二十九年授今孫　一元襲

李勇開國功洪武十三年授今孫奇鳳襲　王成開國功景泰元年授今孫懷忠襲

中所

張豫開國功洪武五年授今孫尚綱襲　雀安歸附開國功洪武二年授今孫際昌襲

劉翼開國功洪武十五年授今孫鑾襲　胡保歸附開國功洪武三十五年授今孫紹榮襲

林忠開國功洪武二十年授今孫棟襲　趙童壹擒奸惡功洪武三十五年授今孫希襲

前所蔣景範開國功洪武二十八年授今孫承寵襲　袁勝開國功洪武二十九年授今孫堂襲

李應春開國功洪武二十年授今孫芬襲　王成開國功洪武三十五年授今孫表襲

王德先歸附開國功洪武三年授今孫敏行襲　王勝開國功洪武十四年授今孫承祚襲

石成開國功洪武二十二年授今孫秀襲　陳志忠開國功洪武十七年授今孫大綸襲中嘉靖二十九年武舉歷陞廣東都指揮僉事

後所楚興開國功洪武二十二年授今孫惟元襲　胡山靖難功洪武三十五年授今孫尚武襲

張貳開國功洪武十七年授今孫光祖襲　周才靖難功洪武三十四年授今孫棣襲

丁四兒征賊功景泰三年授今孫友仁襲　吳昌歸附開國功洪武十五年授今孫振宗襲

繆文旺征蠻功景泰元年授今孫京襲

三江所張祥開國功洪武三十一年授今孫應奇襲加納副千戶　董細兒靖難功洪武三十五年授今孫琦襲

楊子実開國功洪武三十一年授今孫萬言授　李宗開國功洪武十五年授今孫光裕襲

袁貴開國功洪武三十一年授今外孫向高襲　袁欽征蠻陣亡宣德八年授今孫光祖襲

張斌靖難功洪武三十三年授今孫友直襲　張二十靖難功永樂十年授今孫繼志襲

劉聚征虜功洪武三十二年授今孫元佐襲　姚受開國功洪武三十一年授今孫師襲

任孝靖難功洪武三十五年授今孫應祥襲　周和歸附開國功洪武十八年授今孫綬襲

李成靖難功洪武三十五年授今孫世臣襲

臨山左所

徐顯開國功洪武二十年授今孫瀛襲　李興開國功洪武十六年授今孫值襲

俞良征蠻功洪武十七年授今孫成龍襲　祝大舉開國功洪武十七年授今孫延年襲

邵旺征虜功洪武二十一年授今孫應龍襲　張興運粮修城功洪武二十二年授今孫柄襲

李海出海運糧功洪武二十二年授今孫茂襲　賓保子開國功洪武二十七年授今孫臨春襲

右所

蘇錦 征虜功洪武二十五年授今孫秉彝襲　尤興 征蠻功洪武三十年授今孫祖印襲

馬麟 出海運糧功洪武二十九年授今孫功襲　陳雲八 運糧功洪武十九年授今孫意襲

成仲華 捕倭功洪武二十五年授今孫名襲　周彬 開國功洪武十一年授今孫傑襲

周貴 開國功洪武二十二年授今孫萬壽襲　蔡旺 征蠻功洪武十八年授今孫文襲

中所

陳貴 比中箭洪武二十七年授今孫楠襲　馬小八 靖難功洪武三十五年授今孫世亨襲

孫山 征夷功洪武十八年授今孫輝祖襲　石松 開國功洪武三年授今孫瑛襲

潘貴 靖難功洪武三十五年授今孫栻襲　周賢一 開國功洪武十八年授今孫公才襲

楊旺 開國功洪武三年授今孫春襲　胡榮 開國功洪武十六年授今孫成文襲

前所

王讓 開國功洪武三十年授今孫佐襲　錢聚 開國功洪武二十二年授今孫如山襲

潘富 開國功洪武二十二年授今孫蕃襲　孫銘 開國功吳元年授今孫逢吉襲

劉秀民開國功洪武二十二年授今孫朝卿襲　袁遇陞征蠻功洪武三十年授今孫怡襲

張隆開國功吳元年授今孫德化襲

後所

陳能運糧修城功洪武二十三年授今孫連襲　曹成征蠻故子遠補役年深洪武二十四年授今孫大襲

張聚陣亡功洪武十九年子遠襲授今孫維翰襲　常德開國功洪武二十二年授今孫經襲

趙政征蠻功洪武十七年授今孫乾襲　楊統開國功洪武二十二年授今孫天祥襲

許寶開國功洪武二十二年授今孫國忠襲　馮旺征蠻功洪武十七年授今孫泉襲

劉聚征苗功洪武十七年授今孫堯服襲

三山所

馬良開國功洪武三年授廣洋衛左所三十一年調今孫承勳襲　孫成玉開國功洪武十五年授徐州護衛左所二十六年調今孫斌襲

倪福成開國功洪武二十七年授臨頑所本年調今孫臣襲　湯勝靖難功洪武三十五年授天城衛中所正統八年調今孫應龍襲

李成開國功洪武十三年授桂林右衛調今孫復隆襲　王文擒逆功洪武二十六年授府軍左衛永樂六年調今孫家佐襲

宮僧住開國功洪武二十三年授廣武衛永樂二年調今孫劾襲

瀝海所

李四兒開國功洪武■年授今孫嘉慶襲

阿里沙開國功洪武■年授廣武衛左所調台州新河所二十七年調即以沙爲姓今孫沙元佐襲

吳佑開國功洪武十一年授武德衛二十七年調今孫大政襲

王添福開國功洪武■年授府軍後衛水軍所二十四年調今孫一忠襲

李斌開國功洪武■年授留守左衛石城門所二十七年調今孫應麒襲

王得開國功洪武■年授太興右衛二十七年調今孫仲義襲

蔣祚開國功洪武■年授今孫廡襲

王榮開國功洪武■年授歸安衛二十七年調今孫仕登襲　周于德征夷功萬曆三年授歷陞松潘游擊

觀海左所

徐成開國功洪武二十年子禮襲授今孫大賓襲　王凱開國功洪武十七年授今孫鎮襲

李智 靖難功洪武三十五年授今孫國英襲　倪泰 開國功洪武二十九年授今孫應奎襲

俞保 開國功洪武二十年授今孫燧襲　劉旺 開國功洪武二十一年授今孫治襲

田璇 開國功洪武二十年授今孫汶襲　劉越 開國功洪武二十四年授今孫承祖襲

唐大海 開國功洪武二十年授試職今孫武光優給

右所

李均美 開國功洪武三十一年授今孫棟襲　王成 開國功洪武二十年授今孫尚文襲

中嘉靖四十一年武舉歷陞都督同知福建總兵被論

汪福 開國功洪武二十年授今孫敬襲　孫九思 開國功子誠授總旗年深洪武二十五年陞授今孫應龍襲

宋勝伍 開國功授總旗征傷子成襲年深洪武二十五年陞授今孫江襲

孫勝 開國功洪武二十五年授今孫仲芳襲　徐諒 靖難功洪武三十四年授今孫有步襲

甯四兒 開國功洪武三十五年授今孫釗襲　伍名遠 開國功洪武二十三年授今孫德襲

中所

王信 開國功洪武二十四年授今孫大成襲 李斌 靖難功永樂元年授今孫國恩襲

屈召保 開國功洪武二十一年授今孫明道襲 鄭留 開國功洪武十七年授今孫元吉襲

張富 開國功洪武二十七年授今孫國器襲 唐理 開國功洪武十五年授今孫耀襲

周敬 開國功洪武二十九年授今孫尚文襲 李宗源 開國功洪武三十五年授今孫應賜襲

李廣 開國功洪武二十九年授今孫如玉襲

前所

汪清 開國功洪武二十年授今孫文爵襲 周全 歸附開國功洪武五年授今孫世隆襲

陳亮 開國功洪武二十四年授今孫時雨襲 秦六 開國功洪武十九年授今孫効賢襲

林信 開國功洪武三十三年授今孫夢熊襲 苗張 靖難歸附功永樂元年授今孫得雨襲

馮祖一 開國功授小旗子政襲洪武二十八年陞授今孫懋功襲 陳中 靖難功洪武三十五年授今孫萬言襲

屈貳 開國功永樂五年授今孫泰襲 陶勝 開國功洪武二十三年授今孫祥襲

後所

童亮父馮保開國功陣亡亮征夷功洪武二十年授今孫增襲　唐得靖難功洪武三十五年授今孫清襲

許宣開國功洪武二十四年授今孫瓚襲　劉得全靖難功永樂元年授今孫秉忠襲

吳典達開國功洪武二十年授今孫大本襲　楊老奇開國功子能襲小旗年深洪武二十年授今孫守廉襲

宋得興開國功授總旗子鉊襲年深洪武二十年授今孫德隆襲

完載歸附開國功洪武三年授今孫溼襲　谷文旺開國功洪武二十年授今孫承芳襲

王遇潮開國功洪武十八年授今孫國襲

龍山所

劉興靖難功洪武三十五年授今孫楝襲　陳廣靖難功洪武三十五年授今孫奎襲

朱英開國功洪武二十五年授今永明襲　邵祥開國功洪武三十年授今孫上元襲

張慶歸附開國功洪武十一年授今孫天錫襲　黃貴開國功洪武二十九年授今孫金襲

懷伴叔開國功子斌代役年深洪武二十年授今孫忠襲　呂欽靖難功永樂元年授今孫信襲

毛仁實 靖難功洪武三十五年授今孫錦襲

紹興府志卷之二十九

紹興府志卷之三十

選舉志一

薦辟

三代時取士以選舉則無所用薦辟矣乃後科目行而選舉廢於是有薦辟以濟科目之所不及蓋求賢唯恐其遺也甚盛典也

高皇帝以一旅定天下惟時弓旌四出而群策畢舉吾越士依日月而際風雲者至不可勝紀弘正間猶有徵辟之令乃頃年無聞矣嗚呼國家用士豈必取盈於薦辟即所薦辟豈盡足以當國家之用然而厲

世砥俗恒必賴之是烏可廢哉余志選舉首薦辟示所先也

漢

山陰 鍾離意 舉孝廉有傳 鄭弘 舉孝廉有傳

賀純 舉賢良方正有傳 趙曄 舉有道有傳

韓說 舉孝廉 盛憲 舉孝廉有傳

上虞 戴就 舉孝廉有傳 朱儁 舉孝廉有傳

吳

山陰 鍾離牧 意七世孫有傳

餘姚 虞翻 舉茂才有傳

晉

山陰 賀循 舉孝廉有傳 謝沉 舉孝廉有傳

餘姚 虞喜 舉孝廉秀才賢良三科不就有傳 虞潭 舉秀才有傳

虞預舉孝廉不行有傳

宋

嵊　阮萬齡侍中

齊

山陰　賀瑒舉明經博士有傳

嵊　朱仕明舉秀才有傳

梁

山陰　孔休源舉秀才有傳　　郭世通舉孝廉不就有傳

陳

山陰　孔奐舉秀才有傳

餘姚　虞寄舉秀才有傳

唐

蕭山　許伯會玄度裔孫舉孝廉有傳　　沈融籍佚舉秀才

宋

嵊　周忠和度支使　　胡岳知縣

姚宏舜明子附父傳　　呂祖景紹興中授淮南安撫使恩威明信盜賊不警

史昱 以薦授兩淮轉運幹辦公事終大理寺評事　周俊 薦授兩淮浙東總幹有政聲

商日新 字達夫博通經史理宗時蕭山張秋巖薦授太子學任翰林學士度宗即位二年議論不合上疏致仕聖駕餞於錢塘門外賜之金帛舉朝榮之

王弘基 舉明經秘書正字　王昌胤 薦授保寧軍節度推官

新昌 章天與 舉遺逸大理寺評事　胡崇珏 薦實錄檢校官

潘耒 舉遺逸通判　章德榮 舉人才縣令

潘懇 主德化教陞評事　俞承休 舉明經行修觀察使

俞伯深 舉學行六縣長　潘來 舉賢良銀青光祿大夫尚書

潘信 舉經明行修評事　俞仁裕 舉茂才長安尉

元

餘姚 徐仲達 學士院僉書侍郎

燕宗允宋户部侍郎世良子沿海制置司幹辦公事

王文衡　　魏貴龍翰林待詔

李世昌學正　　王希賢國子助教

高榮龍教授　　孫原夔教諭

吳復卿判官　　唐與賢提舉司都事

岑賢孫國子學録　　史其希教諭

魏愷總管同知　　徐彦威崇文監典簿

楊國用教諭　　李昊教諭

李自强教諭　　魏政學正

岑伯玉訓導　　張溥總管太守

岑可久宣撫使　汪斌教諭

吳鏞教諭　王嘉閭

魏銘學正　汪性訓導

方栢經歷　胡秉常學錄

史叔頡山長　聞人煥

史應炎市舶使　胡璉訓導

鄒處恭判官　楊瑀教諭

岑華卿教諭　胡廷獻教諭

楊仕恭山長　李文龍教諭

岑俊卿山長　劉文彬山長

趙惟翰　教諭

楊瑛　學正

徐良玘　縣尹

胡建中

岑文仲

楊得榮　提舉刑獄

諸暨楊實　大理寺丞有傳

嵊錢澣　應求賢詔授教諭

夏推　薦授稅課司提舉

喻子開　以才諝薦授副使

甯崇　薦授提領

宋鋏　訓導

周承祖　儒學提舉

王斗機　教授

舒奎　訓導

王碩　學正

王宋孫　以儒術薦授翰林學士

胡宗道　主簿有傳

錢晁　舉孝廉授經歷國朝復授知州

新昌呂模御史臺知事　張觀祐州同知

潘元甫舉學行教諭

皇明洪武元年令禮部行所屬選求民間經明行修賢良方正材識兼茂及童子之類　六年詔科舉暫且停罷令有司察舉賢才

山陰王儼通毛詩三禮以明經薦除本府教授性方嚴舉動有典則爲一時儒宗

虞文采舉茂才操行科知府　嚴永康舉賢良方正科副使

唐肅有傳　徐伯辰中之子訓導

韓宜可都御史有傳　王武舉明經科通判

周觀政按察使有傳　唐之淳侍講有傳

劉子華有傳　馬壽教授

馬貫知事　趙俶司業有傳

馬恭長史　姚本知縣

翁敏教授　陸溥教諭

白範學行爲世所推重膺薦典教勳戚家動有典則弟子遵其教服習清素革紈袴淫靡之習擢青州府同知卒於官　包大用舉明經訓導

毛鉉授國子監學錄賦性方直澹於榮利善詩歌備漢魏以下諸體爲文高簡有古法

潘允郎中　胡粹中有傳

黃里有傳　陳名裕通判

胡春國子監學錄　王來言教諭

王礼

王誼初强學問事親以孝稱從戍遼陽守帥賓禮之教諸生有法朝臣薦授翰林待詔尋罷歸閉門著述學者咸問業焉

朱孟麟秘閣校書　錢遜有傳

會稽趙淵有傳　錢宰以儒隱徵有傳

趙文儀鹽運使　陸思義游六世孫工部員外

郭傳吏部郎中　宣溫參政有傳

宋璣上林苑錄事　金方

黃忠刑部侍郎　黃禮知府

蕭山沃野舉明經科知縣　周服

戴謙知縣　陳旺

王士哲舉秀才科縣丞　王士貞舉秀才科給事中改御史
陳近智　俞期知縣
鄭思敬知縣　張叔剛知縣
黃琮　韓參
沈惟慶同知　陳本
何遜　張本清應聘知縣
洪海舉懷材抱德科推官謫縣丞　朱義道舉孝弟力田科知縣
華克勤以孝弟力田科應聘仕終山西布政使
張圻舉人才科縣丞　趙原德由儒士同知
張經舉明經科有傳　周郁由儒士本縣訓導

方以規由儒士爲廣濟教諭善詩文有題詠傳世足稱名家

張原一舉稅戶人才科河泊所官　陳仲淳舉經明行修科員外

阮端卿舉明經科本縣訓導　魏希哲舉老成科知縣

趙善舉秀才科郎中　張箕舉人才科光祿寺主簿

史翼由營州戎籍從靖内難任戶部主事仕終山西布政使

徐端蒙舉明經科任仁和訓導爲人嚴正教訓有方

諸暨

王晃有傳　楊維禎有傳

張辰經術文章表裏茂蔚一時紀載多出其手太守唐鐸辟爲府學訓導淬礪諸生晝夜不倦所著有草廬集

陳嘉謨少有師傳詩文清麗翰院交薦之辟爲縣學教授

王祚 僉事　　俞軾 郎中

黃鄰 御史謫知縣有傳　　陳凱 縣丞

楊思永 縣丞　　傅希顏 知縣

蔡權 主簿　　錢淵明 知縣

方文懋 齊府典儀　　胡文伯 教授

應琚 知府　　王暘 知府

孟濂 知縣　　趙用賢

陳韶 嘉謨從子也授山陰學訓導工於詩老成文獻爲邑人最所著有苕軒集

胡文穆 推官　　胡混 舉明經科知縣

方得偉 國子監學正　　胡天民 按察使

張彥疆主簿　陳思齊主簿

孟恪教諭　傅礿主簿

楊允升通判　馮伯奇知縣

楊鯨經歷　桂昱同知

黃鑒州判　黃希傳知縣

陶狷教授　婁漸太常寺博士

周文煥參政　王堂

梁伯善同知　張次達

蔡員寶副使　張文成

方煇知府　俞蔭

俞祐　郭日孜訓導

倪仲圭通判　朱彥敬知州

趙伯潤知縣　余季良主簿

孫述可主事　余澤副使

翁渚知縣　方寅助教

徐圭知縣　陳滋待詔

戚元義知縣　張庭蘭府經歷

郭斯庄典史　黃鏜

陳宗孟河泊　錢思誠府經歷

毛仲與　周景濂

郭如權縣丞　黃鎧

駱用賓　孟德典史

吳國賓知府　虞以文僉事

吳錢知縣　錢存源知縣

章信僉事　郭如樫縣丞

郭禮知縣　章曾知縣

壽伯達巡檢　王愷之同知

方自新舉孝行有傳

餘姚車誠有傳　胡惟彥有傳

錢茂彰副使　岑文璧本學訓導

岑宗鴞翰林院典籍

王至博聞强記明春秋三禮之學平居恭儉慎默遇事論議援經决史英氣絶識凛如也初爲本縣學訓導終於潛教諭

趙宜生有傳

許泰學無不通尤深於春秋授本學教諭造士有方遷知夏邑政教大行著異等之效

王綱有傳　　岑黼紀善

宋玄僖有傳　　岑襲祖知縣

朱至善知府　　華彥高訓導

胡文煥上虞知縣　　陳伯瑀

于子安主簿　　徐伯庸知縣

王在會稽訓導　吴延齡教諭

岑文皡　陳弘道僉事

宋棠博洽精識議論超越不赴元舉明興應召備顧問尋引疾歸

王敬常郎中　華彦良訓導

趙譙二十六年再被召有傳　岑道安知縣

陸雍言　陳順詵主簿

徐士涓習聞典故時事　召拜河南按察司副使風威大行按視南陽郡值久旱士涓戒禱得雨歲輒大穰

張貞字壹民以字行性耿介負勁氣通五經銓文章尤精草書祄以薦授開化學訓導永樂中致仕歸操持益謹學者共仰之

徐得名知府　華孟勤知府

趙志廣參政　周無害知縣

李方縣丞　周綱

李純卿主簿　王旭有傳

莫如琛將仕郎永樂中再被召　趙鳴謙御史

華宗害教諭　楊子秀知縣

陳公著　許子中御史

岑如轅知縣　魏廷實給事中

虞文達副使　徐祖厚

錢友仁教諭　錢伯英知縣

史孟通判官　高性之副使

景星　宋邦哲玄信子知府

沈永彩知州　韓自寧經歷

宋邦義玄信子知府　岑武治經歷

孫尚禮知縣　王景祥推官

鄒濟有傳

上虞

任守禮給事中　許士昇太常少卿

張九容參政　朱德輔知縣

薛文舉質敏好學有聲儒林邑大夫聘爲弟子師後膺文學召起爲太常博士所著有訥齋遺稾

車義礽 主事　朱瑾 知縣

趙暄 國子學正　尹克順 主事

陸幹 僉事　王友俊 僉事

項齊賢 御史　余恭 主事

貝迥 知縣　謝肅 舉明經科有傳

沈中 僉事　劉惟善 知縣

陳茂才 知府　陳逢源 知縣

魏鎮 知府　貝望 知縣

俞齊 知州　吳賢 知府

陳山 知縣　張鵬 同知

張宗嶽 知縣　屠士弘 知縣

俞誠 給事中　張九功 教諭

張公器 知縣

嵊

張思齊 舉孝廉科參政　竺班 南志名得義舉孝廉科知府

屠任 舉明經科有傳　單季元 舉明經科通判

應彥昌 舉明經科教諭　尹克成 舉經明行修科國子學錄

許得吉 舉懷材抱德科僉事　單汝信 舉懷材抱德科教諭

王璛 由懷材抱德科除慶元學教授所著有王軒集

卜弘德 舉賢良方正科御史　單斯泰 舉懷材抱德科知縣

單復亨 由懷材抱德科授漢陽知縣博通經史尤善詩歌著讀杜愚得十八卷

竺汝舟舉賢良方正科知府　張原輝舉賢良方正科同知

劉大亨舉賢良方正科同知　周佳舉人材科同知

邢汝節舉人材科同知　沈信年舉經明行修科參議

新昌董荆舉博學宏詞科不就有傳　章廷瓛洪武初獻詩於金華授縣丞

呂諒舉經明行修科教授

薛正言初爲訓導歷參政府尹布政使所至政績皆可觀靖難師過山東正言率寮屬迎見上入正大統命正言安撫河南奏報稱旨後坐他事被誅

石潤　吳佐

石紛　楊容字宗理刑部尚書

徐瑠教授　張寧副使

唐方 僉事　　葉宏 主事

張德規 給事中　　蔡思賢 舉人材科知縣

陳仲矜 辟本學教諭　　呂升 舉孝弟力田科有傳

陳文中 辟本學訓導　　黃潮 縣丞

章廷端 元季舉鄉試不仕　洪武初徵授本學教諭嘗爲詩文所著有耕讀藁

呂不用 辟本學訓導有傳　　俞鎔 府經歷

張觀讓 舉人材科按察使　　呂文玢 舉明經科僉事

呂總 舉人材科惠安知縣　　丁義 主事

呂九思 洪武初授袁州府經歷尋遷刑部照磨持法明允不幸詿誤而終無誶言聞者壯之

章廷瓊 舉明經科

周夔初授本學教諭陞萍鄉知縣以廉惠稱後以方孝孺黨繫獄友人子吕珮爲代繫死獄中學者私謚貞惠先生　俞壽縣丞

章廷琳舉經明行修科知縣　何用常舉人材科縣丞

石如璋舉聰明正直科通判　俞文燧知縣

張世賢御史　吕總舉人材科任胙城知縣

何友諒博通經史避元聘隱居寧海國初就辟授本學訓導立條約訓諸生

潘嚞訓導　楊仲才知府

永樂元年令內外諸司文職官於臣民間有沉匿下僚隱居田里者各舉所知

山陰　王叔珩知縣有傳　王叔璲伯府教諭

徐順浩 伯辰子詹事府錄事

會稽 羅友寧　錢綸 御史

張禎遜 按察司照磨有傳

蕭山 秦豫 舉秀才科有傳　韓景生 舉人材科知縣

王平 舉楷書科縣丞　張子俊 舉經明行修科主事

翁文瑆 舉人材科典史

諸暨 馮賚 本縣縣丞　孫宗海

俞允承　蔣誠

楊善政 通判　俞性中 衛府典寶

蔣柱　宣相

張潤　孟臨府知事

章伯升序班　陸時倉大使

餘姚宋虞生　陳叔剛舉賢良科有傳

方逵會巡檢　周亶知縣

宋緒　趙肩廸二人同修永樂大典

宋孟徽紀善　朱德茂

張廷王　劉韶二人同修永樂大典

虞煥知縣　周徽衛經歷

項端訓導　舒子占

夏昂知州　魏廷相知縣

上虞

嚴思見主事　盧用弘知縣

魏原海主事　徐徵僉事

朱孝錫紀善　劉惟傑知事

盧用端教諭　周叔儀知縣

沈孟齡知縣　劉正言郎中

吳昌　丁和縣丞

嵊

高時澤舉經明行修科毋老乞歸　張遯舉經明行修科長史

張翰英舉懷材抱德科知縣　王佐舉賢良方正科知縣

喻克銘舉賢良方正科知縣　龔文致舉懷材抱德科按察司經歷

史進賢舉懷材抱德科縣丞　王美舉孝廉科同知

喻顯中舉人材科典史　應均立舉賢良方正科鹽課提舉

王滮舉賢良方正科縣丞　錢莊舉懷材抱德科訓導

王文鉉舉賢良方正科知縣　黃彥通舉人材科巡檢

新昌呂貴衡舉人材科知縣　石敬顏舉經明行修科知縣

章士汪舉楷書科中書舍人　何德彰舉賢良方正科通判

何廷玉舉賢良方正科知縣

宣德年

會稽嚴緣舉人材科知縣

蕭山沃能舉明經科禮部主事終通判

諸暨黃餘蔭縣丞　方坻主簿

魏宗杲 主事　翁惟信 縣丞

翁惟謹

餘姚 陳贄 太常少卿

嵊 李克温

新昌 朱叔端

正統年

山陰 徐光大 潛心經史文行曬然以遺逸薦爲句容學官擢國子丞律身正物益篤以勤而髦士悦服終楚府左長史有久庵藁

會稽 章璠 瑾之弟都御史

蕭山 汪景昂 舉楷書科太常少卿

諸暨酈軾主簿　楊資典膳

蔡烱主簿　陳洙左軍都督府都事

王璵訓導

餘姚潘楷有傳　宋楷教授

胡淵布政使　魏珵縣丞

王深教諭　陳蘭教諭

方端訓導

上虞俞謐縣丞　張鑑州判

張燦

嵊王蘭舉經明行修科訓導　韓啓舉經明行修科紀善

張士服 舉賢良方正科

景泰年

山陰 趙鶚 教諭　馬陞 教諭

會稽 胡詮 州判　胡諧

餘姚 邵昕 知縣　楊文奎

葉采　葉九曉 天順中再被召

周思齊 知縣　邵曦 經歷

上虞 薛伯順 縣丞　吳孟祺 訓導

嵊 韓昇 啓之弟舉賢良方正科知縣　王胄 蘭之弟本學訓導

新昌 呂璠 舉經明行修科教諭

天順年

山陰　胡廷倫　紀善

會稽　沈璞　性之子

餘姚　趙顒

嵊　史祀　舉賢良方正科知縣

新昌　甄圭　舉經明行修科有傳　　胡祺　舉人材科縣丞

成化年

山陰　徐錀　光大子訓導

會稽　章慈　瑄之子縣丞

蕭山　張玘　舉經明行修科縣丞　　王鎬　舉秀才科知縣

蔣仲義

魏完　驥之子舉楷書科知縣

餘姚　魏溥　雲南籍訓導　　陳策　縣丞

上虞　張瓛　知縣

弘治年

蕭山　蔡友　舉懷材抱德科授延平教授工詩文書法俊楷得者寶之

餘姚　莊懌　縣丞　　楊滚　縣丞

上虞　郭彦安　州判

正德年

餘姚　許龍　　徐子元

周禮

上虞徐文彪舉賢良有傳

紹興府志卷之三十

600474

紹興府志卷之三十一

選舉志二

歲貢

歲貢之制自我

皇明始府學歲一人縣學間歲一人大都以年資爲序毎正副各一人試其文不謬者而遣之其後臺省建議以爲貢必以序率衰耄弗堪任使於是著令以三人或六人内選之然常格廢而倖竇開貴介子弟方乳臭而貢太學矣於是又謂非便仍從舊制云乃若恩貢選貢唯　國有大慶間行之今亦並録於此

洪武年

府學　阮吉祥　鄧宗經　蔣顯

錢述　駱庸　方季仁

徐士宗有傳　錢魯　繆南璇

馮皓民　馬俊縣丞　王道

錢倫　平珎知事　蔣原

金鎬　郭淵　張煥知縣

金安同知　張秉達以上俱山陰人

山陰　趙貢文　周得中知縣　薛可行御史

陳性善　邵謙縣丞　陳嗣宗知縣

王惇主事　金昺御史　陳文可縣丞

璩志道　王吉　張齡同知

王理教授　魏勝安　陳蒙

濮名布政　潘逵

會稽王延壽給事中　王會同推官　鄭興宗知縣

葉昇主事　陳成教諭　史矩

章靖主簿　陳理主事　李牧教諭

徐壽　王本道主事　劉昱經歷

董莵　王雄通判　陳庸主簿

孟處中　賞震理問

蕭山蔡艮知縣　王震都司都事　徐應節
殷輅　蘇壽主事　王仲謙知府
陳晃都督府都事　王濟　賈德舍知縣
史已安縣丞　張顒　方儒御史
餘姚趙學曾　聞人舍慶　朱聯庚主簿
舒好學刑科都給事　王均保　孫德滋教諭
趙玄輝知縣　陳敏　吳養中
徐安舍通判　吳壽安衛經歷　馮吉
徐廷圭　胡季本
上虞鍾霱　陳仲琳　朱秩

武用文　呂智知府　俞息知府

李允中　周慎知縣　陳斯立

盧伯輝教諭　徐申主事　杜泗教諭

陳秉州判

諸暨婁宗海給事中　周宗祚倉副使　張允恒行人

張鏞序班　傅文昭按察司知事　董誾

顧濬　壽奭　王爾堅主簿

朱景純知縣　蔣文旭御史　婁衡僉事

方杜倫國子學正　斯干通判　許用賢教諭

金鎮主事　戚文鳴御史

嵊　胡觀　沈常　高如山僉事

毛道德主事　袁道溢知縣　宋莊主事

王谷保　李恒　張德壽

俞騮兵科給事中

新昌　蔡用強　王助主事　王同通政使

楊亨主事　楊世清　朱沘

黃澤主簿　張德規都給事　王新民同知

吳希哲國子監丞　丁湘　何泰刑科都給事

黃宗由知縣　楊宗哲　王伯壽通政司參議

盧文礽知縣　梁得全僉事　張定禮部主事

永樂年

府學蔣永亨　尹勝　周然

徐穆　宋彌堅　盧鈍

金晟　趙魯　潘綸

陳愷　虞怡　趙煥

趙孝廉　石譽以上俱山陰人　龔倪會稽人同知

吳昉推官　王資深縣丞　劉蘭同知

陳讓　王淵治中　王俊知縣

胡增　周勝吉以上俱山陰人

山陰王友慶　施安　應伯祥

陳恕　沈肅　楊銘

張謹　朱文淵國子學錄有傳　趙瓚

俞永　呂參同知

秦端

會稽陳賢御史　吳思齊　賀安

周順左布政使有傳　周得安縣丞　陳道生知州

趙克禮　謝霦學正　潘敬經歷

錢侃知縣　張順經歷　錢驥

丘壽　許良　范灝員外郎

張定吏部主事　姚勤　王璵訓導

金真 知州　任孜 同知

蕭山鄭堅 御史謫通判　周能 御史　鄭隆

張質 同知　吳崖 知府　湯裔

施安　孫忠 主事　賈復

何畲　陸本道　賀隆 員外郎

何濬 知縣　王信 提舉　董驥 知事

婁轅 主簿　顧禔　毛序 鹽運司同知

張璣 知縣　金蒙

餘姚陳用銘 通判　岑震之 縣丞　胡與賢 郎中

胡思齊 員外　顧立 僉事　尤景隆 主事

方叔燊　段慶善　王壽通判

劉魯生　何驛　趙泰康衛經歷

徐肅彰主事　呂時習知縣　李志伊同知

戚㷆　韓安遜經歷　毛志倫

任茂卿通判　汪悠久知縣

上虞趙聰教諭　趙彖　葛啓御史

陸秩御史　管睦推官　范德倫主事

張謨縣丞　張貴珉州同知　鄭季輝御史

王仕昇同知　車佑知縣　貝昇

厲秉燊御史　朱慶知縣　顧琳

許泗奉祀　張觀知事　葉順理

王澤主事　蔣秉　朱復知事

車勿縣丞　徐惠知事

諸暨朱子名訓導　陳同知縣　黃士華知縣

酈俊知縣　趙秩州學正　王安知縣

王志中同知　周興州同　馬宗昂知縣

方倫知縣　鄭弘同知　孫祥知縣

許子恭知縣　陳寶知州　魏孚縣丞

劉穆都督府都事　趙賢　程永文

金譓　胡怡　蔣忠

張剛　俞景昂典史

嵊史鯨知縣　王可彦　宋純知縣

王復皐主事　鄔顯名典史　袁道距

竺原轤　王恕敬知州　張譓

俞充新　胡德潤　陳士基

史成尹教授　施重同知　王胥道以楷書貢

馬欽　張琮知縣　吳文知縣

任倫知州

新昌丁彦信同知　王溥知府　呂童有傳

盧文杲通判　張崇岳縣丞　王叔光

呂九疇　張世容教授　石思直

吴宙布政司檢校　求琰有傳　章良民

周同通判　張友邦　石文詡

張琦知縣　吴經　安盤主簿

俞尚純　章敏

宣德年

府學孫讓　韓養性州判　賀嶶

葛賢　劉實　周倫同知以上俱山陰人

章敬會稽人　吴俊　范璇

鄭愷主簿以上俱山陰人

山陰　施廷璋　任高推官　魯泰訓導

王道訓導

會稽　史恂通判　賞瑨同知　袁達知事

徐霦凡三任教職能以師道自重鄉壤取法焉　陳真推官

鄭正經歷

蕭山　黃道吉衛知事　金祐訓導　曹寧知州

徐益知縣　沈宿判官

餘姚　宋璘推官　翁順安　許南木訓導

蔣文昂訓導　宋淏知縣　施敏常訓導

上虞　虞鏞知縣　盧瑜倉副使　石蒙知縣

陳鷹訓導　包祥教諭　孔慎

諸暨陳文信都司斷事　盧立知事　陳祥推官

王彥常知州　宣載教諭　瞿文偉

嵊婁希賢知縣　俞機知縣　姚孟章

王永祥訓導　張宗義　王玉田知縣

黄孟端同知

新昌朱叔端　章以衡　吴尚清

吴永軻衛經歷　王鍾敔知府

正統年

府學蔣訓　滕霄　葉蒙亨縣丞以上俱山陰人

錢金會稽人　祁福　徐綬通判

唐振　王理知縣　徐震以上俱山陰人

山陰楊全　倪侃　趙師祖

李朴　祝濟　朱臻

趙瓚

會稽盛魯　金讓同知　孟欽知縣

施璋知縣　季春知縣　張猛紀善

王俊知縣　陳傑　錢曦

蕭山王臣訓導　朱瑛知縣　顧讓知縣

方膺縣丞　俞能知縣　徐貞

趙昇知縣　鄭甫訓導　韓璵提舉
成賢判官　嚴端同知
餘姚嚴廸知縣　張慶通判　胡孟珪訓導
谷寧　徐政知州　李文昭教諭
潘輳　錢本餘　陳璨教諭
陳謨　姜鍾
上虞何禎經歷　吳隆縣丞　沈晃教諭
劉綬知州　壽綱教諭　傅瓛通判
張燮經歷　盧怡　張珮
謝琦知事

諸暨殷增主簿　金俊知縣　何琚知縣

趙理　阮剛縣丞　陳旭知縣

賈愚知縣　俞安　俞儁

嚴翊　王琳知縣

嵊史浩傳衛經歷　趙斌府經歷　王以剛主事

王鈍天性孝友動遵矩矱任漳州府訓導以母老乞終養後以子瑄貴贈儀制司主事

竺時達推官　陳昱府照磨　江錬

新昌呂鵬知縣　章以占衛民之子　黃莬知縣

楊巨清府經歷　蔡搆國子助教　黃鈿知縣

呂景融推官　王康州判

景泰年

府學 王恭　胡溥 俱山陰人

山陰 俞英　胡暹　金闓

沈澤

會稽 焦茂　傅閏　錢祚

王黼

蕭山 方正 都司經歷　朱順 知縣　楊瓘 衛經歷

張瑺 教諭　徐蕃 知縣　張紀 知縣

餘姚 虞憲 縣丞　黃驛 一作吳傑　錢英 訓導

上虞 趙誠 訓導 有傳　盧坰 經歷　陳奇 訓導

諸暨張禄主簿　章明宣慰司經歷　俞景

張銅縣丞

嵊胡鉞知縣　王貴冊　相永忠

陳勲　王樞有傳　黄瑒縣丞

劉蘭同知

新昌黄宗禮　章端縣丞　黄玲縣丞

翁諒州判　吴方訓導

天順年

府學陶慱知縣　袁敬俱會稽人　范璇知州

趙瑋教諭　王恭　秦鉞

朱宗岳純之子　宋彩　尹溥

陳綬　蔣敬　趙諤

朱士學授瑞州推官繼任河間以廉介自持矜至邳皂隸緡錢長貳咸義而從之遂寢其額剖決詳明民無寃滯壽乞休家居杜門博古鄉里重之

王暉教諭　諸雷　駱傑知縣以上俱山陰人

山陰沈曄訓導　周時中　金本仁訓導

蔣鑾教諭學行並重于鄉　沈澤　馮節

張能　張律　吳暎

楊全　周章主簿

會稽董鍊　張闕經歷　陶懷博之兄

董駿都司經歷　馮則　張勉

嚴顒　周瑄　陶振

范鑣　余旺訓導　何評

蕭山王康訓導　胡旭知州　林華知縣

沈俊衛經歷　王謣　倪景

王瓊知縣　王勉府檢校　張霖

俞振縣丞　朱淮府經歷　汪士昂州判

沈清按察司知事　金玉知縣　王廣

沈恭　俞完　汪叔昂知縣

餘姚潘瑒　邵懷端

程傑訓導　于慶義　孫彬教諭

殷輅教諭　邵珉教諭　許晃教諭

沈文彬教諭　王傑綱之孫，贈禮部侍郎　岑和推官

楊文璿訓導　華晃訓導　吳鵬縣丞

周王衡訓導　方肅典史　錢清縣丞

上虞張達　謝億　鍾偉照磨

陳衡縣丞　厲雍教授　吳萬教授

鍾礽知縣　范璉教諭　車晟

余良訓導　王謨　羅祿知縣

周韶州同　周諒訓導　陳瑗知縣

顏杲訓導
諸暨陳貴 俞轂 張澄訓導
馮銓訓導 何奎知縣 俞仕清鴻臚鳴贊
楊豹 章矩倉大使
嵊尹儀訓導 陳昶縣丞 錢濟紀善
馬良教諭 胡昱訓導 謝轍訓導
劉麃主簿 宋郁教諭 宋敏訓導
張軫訓導
新昌丁航訓導 黃藻教諭 楊春訓導
蔡承性警敏善詩文父嘉講正統初戍遼東病辛承衰絰徒步至遼東得父屍抱哭幾絕

扶樞歸塟以孝行聞後任德化教諭正己率人多所成就

王溢教諭　俞瑄縣丞　呂璡典史

俞積縣丞　陳哲主簿　王孟文縣丞

梁燁　呂礿　求瓚知縣

錢鑑教諭

成化年

府學壽瑞　劉濟　王詵以上俱山陰人

章惟　胡福以上俱會稽人　趙彩縣志云胡暹

潘淳　張灝　章頎同知

韓顥　虞書　朱顥

周真　金廣　盧瀚

高勤　張珣　劉寧

朱綖訓導學行爲士所重尤長於說理士類多宗之　趙昉

陳韶　郭璲以上俱山陰人　莊肅餘姚人知縣

山陰趙瓚琫之弟知縣　俞英　趙偉

郭宗王訓導　祝輔訓導　葉瑄教諭

毛瑄主簿　馮克温教諭　陳順教諭

陳蒿訓導

會稽邵峻瀌之子同知　陳彪訓導　鄭疇教授

張閑訓導　徐耕霦之子訓導　馬臣教授

范琥訓導　秦鑑　王晃

蕭山黄傑通判　楊昇教授　毛淵教授

來寧　何淮縣丞　李欽教諭

毛吉衛知事　朱諫州吏目　陳敃知州

童顯章訓導　俞檎訓導

餘姚鄒勉孝豐籍教諭　陳渭　華山訓導

吴泓訓導　魏潑府經歷　邵驥訓導

錢積訓導　徐詔衛經歷　柴和訓導

朱縩訓導　胡鑑訓導　徐儀訓導

上虞王恂知州　陳庠知縣　唐頊

趙徵理問　龔琉經歷　劉燦知縣

賈暹教諭　鍾圭訓導　趙銓提舉

郭實訓導　謝浙訓導　朱鐸教諭

諸暨

蔣憲知縣　章敬知縣　駱章縣丞

傅璟推官　酈祥　王禎理問

楊滔衛經歷　陳輅都司經歷　金璲縣丞

錢鏜縣丞　姜鍾教諭　樓敏教授

嵊

王昆鈍之姪　楊綺遞運大使　馬政訓導

周泰爲人敦行好修，既貢入太學，以母老疏乞歸養，還授廣東布政司都事。人稱爲孝廉先生，有菊莊集。

張昇訓導　王輔任山東陵縣訓導有寓陵集

史晞知縣　婁克剛訓導　楊浩訓導

李穆訓導　求鈴訓導

新昌石煓訓導　劉暹訓導　章鵬

楊洪教諭　章無訓導　張儀廷教授

梁僑教授　翁申訓導　梁伋通判

張泰夫訓導　王瑕教授

弘治年

府學金灝會稽人訓導　張正誼　王杲

吳廷璟山陰人訓導　田宣山陰人訓導　胡倹山陰人訓導

陸魁 山陰人伴讀　汪蕪 會稽人徽府紀善　周夔 山陰人教諭

季翀 會稽人駿之子　俞瓚 山陰人　錢纓 山陰人

張以震 山陰人教諭　顏悅 山陰人訓導　韓恭問

劉騏 山陰人教諭　韓讓 會稽人訓導　謝顒 顯之弟教授會稽人

秦世濟 山陰人推官　徐軒 山陰人

王鈿 山陰人蜀府教授　吳衿　毛榮

俞瓚 訓導　劉鏞 訓導　勞臣 訓導

張昕 訓導　朱鏶　韓洪卿 紀善

漏真 訓導　洪倫 通判　錢倬

王愈

會稽張雅　孟韶訓導　秦鐸訓導

馬振訓導　沈珪教諭　傅灤訓導

車侹份之兄　羅騏訓導　錢鑌訓導

魯禎　章槐國子學錄

蕭山俞雯　王達古州吏目　李璋州吏目

王所　王鈍府檢校　孫昱教諭

沈瀛教諭　張軒訓導　趙鏡訓導

沈鎣環之子訓導　沈沔知縣　沃寬教諭

餘姚陳瑋由武學教授至建寧同知　孫士元　陸恒訓導

鄒江訓導　陳範訓導　陳銓訓導

華騏　鄒世隆孝豐籍訓導　胡玫
翁穆　徐鳳訓導　吳潤雲南騰越籍教諭
諸謐　王鎬訓導　趙瀾
上虞薛貴經歷　何璉教諭
葛銘訓導　杜海訓導　范塤知縣
錢嵩教諭　朱翊州判　陸薣訓導
虞璧訓導　王鏞教諭　鍾球教諭
諸暨張琯教諭　宣增　楊琦
陳春訓導　章誠府經歷　呂濟訓導
酈贇訓導　王琦　陸淪

周謐知縣　駱珮訓導

嵊張濬訓導　張址教授　王荃暄之姪

過誼訓導　應旭訓導　張倓教諭

周嶧授訓導遷教諭端厚有學事親以孝聞所著有古愚集

張曜教諭　韓顒訓導　裘芝訓導

趙岑推官　鄭軫訓導　樓懷岑訓導

新昌俞巽　王瓚　俞秈訓導

吳燧紀善　章岑訓導　呂夔教諭

董廩訓導　俞振昌　呂訥訓導

何宇貢至部改襲父鑑廕官至太僕寺丞　貝愀訓導

石廩州判　呂謀訓導

正德年

府學王騏山陰人教諭　章材會稽人槩之兄訓導　章卓會稽人教諭

周淵會稽人鑑之子紀善　章檀會稽人槐之子訓導　駱軒山陰人巽之子主簿

陶文奎　沈慎德訓導　高憪閏之子

陳璟　汪穀以上俱山陰人訓導　胡慶會稽人恩之弟教諭

王瓖山陰人　張紋山陰人　章愻會稽人

胡易山陰人　陳玠山陰人轂之子　董本會稽人教諭

陳九皐會稽人純之子知縣

山陰吳鉞顯之子教諭　趙意訓導　錢曙訓導

莫震訓導　唐偉　祝深

徐濤經歷　施正　薛笛周府教授

周曉

章文奝會稽訓導　沈炳訓導　章尚和雲南籍貢紀善

范燦訓導　葉嵩訓導　趙錦知縣

黃壤武學教授　邵賢　陶詩知縣

吳价教諭　范汾知縣

何舜卿蕭山衛學教授　楊理　盛灝王府教授

丁洪訓導　翁文訓導　王宏訓導

任沛　徐行訓導　黃裀主簿

餘姚孫繼先輝之子　韓昱昌化籍　楊槩

王志四川越嶲衛籍知縣　許岳南傑孫通判　鄒思永孝豐籍訓導

胡瀾　張漢教諭　魏芝

孫煌芝之死後貢煌教諭　許夔瀚之子訓導

上虞葛璃訓導　茅圻訓導　王仁訓導

竺恕訓導　朱文簡教授　徐大輅理問

俞元直訓導　葛埠訓導　潘鏜州學正

諸暨朱琅　石琨　吳祥

楊淳教授　駱鳳岐獻曾孫教授　石瑛訓導

陳文卿訓導　馮琥教授　陳鵠都司斷事

何汝礪

嵊　胡淮教諭有傳　裘孔華訓導　鄭燧州判

裘策訓導　黃榮訓導　謝樓府知事

馬雲鳳訓導　姚仕朝　鄭經

新昌　呂卿教諭　俞朝文教諭

呂宗信端重無戲言博涉經史初以貢讓其友後兩膺教職以孝弟廉耻不欺爲教餽遺無所受門人仕浙者往往恤其後焉　丁鎡訓導

俞準　劉完訓導　俞津訓導

呂華　俞振翰教諭

嘉靖年

府學

余憲訓導　趙僎　杜昇三江所籍

金桃訓導以上俱山陰人　沈蒙教諭會稽人　吳鸞

林鳳韶　丁文詮訓導　陸文通以上俱山陰人

章元純會稽人　凌世華山陰人　周晉貢元

劉本棟之弟俱山陰人　陶雲漢同知會稽人　張檄

田龍　呂金以上俱山陰人　吳文俊餘姚人

王舜章山陰人　陶恭訓導會稽人　沈芳

金梓　陶陽鳳以上俱山陰人　章守道訓導

馬呈泰推官俱會稽人　張津山陰人　董湏豫之孫

余瓘俱會稽人　朱第[illegible]　張惟聰山陰人

汪賔　薛立　沈安仁訓導

徐恩紹興衛籍　劉世績　徐夢麒夢熊弟訓導

馬文顯以上俱山陰人　胡滸會稽人　徐子麟餘姚人

王良知教授　朱安邦　駱雷

周大庠以上俱山陰人　朱元亮改名昇　姚文泮訓導俱會稽人

諸森　諸應相俱餘姚人　龔漸會稽人

汪以榮餘姚人　章允和　沈棉

錢堯中知縣以上俱會稽人　許智山陰人

山陰陳文訓導　張遠訓導　諸禕訓導

馮貴訓導　駱居敬　張牧

朱函訓導　周相州判　胡方禮

任大章教授　沈渾　王言

孫瑛　朱安道　徐夢熊教諭

祁鋼　王景明　周景恒

錢景春　韓宗　滕謙

胡冑　王舜明　金璲

周文耀

柳文歷高郵訓導婺源教諭皆有聲遷都昌知縣甫涖任而卒爲人醇謹博覽能詩文有詩文別鈔若干卷

會稽范岡　倪實教諭　陶試訓導

邵文琳　倪慰訓導　金堦知縣見序志

徐綱　王俊縣丞

馮德容知縣博古能文有集若干卷　秦倣訓導

馮文德　魯炫　章乾敞玄孫

朱景祿訓導　馬堯相知縣見序志　陳慥教諭

陶廷奎試之子任武學訓導爲人長厚子承學爲南禮部尚書贈如其官

朱袍訓導　錢翺學正　陶天眷訓導

陶師道教授　陶廷進訓導　黃鍾教諭

陸慎　章元組　魯時

蕭山

陳欽教諭　何大猷訓導　韓造教諭

陳讓訓導　韓昱訓導　蔣錫訓導

來膺薦知縣　來觀教授　何仕植教授

祝禮通判　徐旭教諭　黃當學教諭

支澤國子典籍陞通判　徐景元訓導　吳瑞教諭

張鉠訓導　樓祁訓導　徐楩

王汴　黃九功教授　孫勲訓導

徐阜知州　翁復明教諭　汪耀

徐大中　毛瑚訓導　屠瑾訓導

黃九川懌之子教諭

餘姚陳策　吳應時　景華

胡慎　鄔憲　鄒思温

諸績　孫垾附父燧傳　羅應奎永定衛籍縣丞

黃釜　張建　鄒絢

陳大經　吴必諒　汪繼辰

潘秉倫　孫邦直　王子彙

盧義之　黃驥　黃文焕

楊稿　陳文顯　徐瑚

胡翰　陳梯　王正志

徐克純　王時敬　黃汝通

上虞

丁統訓導　沈琦訓導　陳雷訓導

朱暈訓導　成漢訓導　徐球教諭

陳德明學正　陳相訓導　羅康

楊楷訓導　張健教授　張文潛教授

陳繪知縣　陳宗岳教諭　王仕訓導

羅瑞明訓導　羅守義學正　姚存謙訓導

唐良才訓導　成維訓導　茅封訓導

徐國賓教授　唐良心教授　徐言教諭

謝鳴治教諭　石轅訓導

諸暨王爵訓導　張雨訓導　馮軒

徐浚仁衛經歷　王溥博　俞耿推官

駱騰霄珮之子　呂欒知縣　駱驗鳳岐子知縣

楊承恩　俞玠訓導　呂相

鄭灃陽欽之子知縣　陳相宸教授　駱騰光訓導

朱瀹教諭　俞天禎訓導　駱騏鳳岐子教授

駱九功訓導　張思得教諭　陳紹科翰英子審理

楊承惠訓導　陳仕華州同　姚德中教授

邵廷潤　宋承祿訓導　錢鐸教授

陳寬元昭孫訓導

嵊

馬輝知縣　應晞知縣　鄭堂教諭

黃懌訓導　婁懷奎訓導　裘仕濂

馬充任江西德安縣知縣性質古絶干謁明敏博覽有馬書厨之稱

周晟任山東齊河縣知縣資敏超群爲詩文有奇思時多厭講學晟獨從文成公遊教授生徒性嚴難犯士夫接

邢舜祥丰度辨博皆傾心焉

高瑞　張鏕訓導　尹奎

鄭騮教諭　胡檕訓導　鄭文教諭

袁旻教諭　江憲臣訓導　鄭宸訓導

周謨震之從孔賦性端方讀書手不釋卷平生無華服言笑不苟爲靜海訓導待諸生嚴而有恩相信愛如父子尋致仕歸後以子汝登貴贈工部主事

喻一貫訓導　胡樂訓導　竺該訓導

裘曰恩訓導　尹丕中教諭　鄭應元州判

裘汝洪 訓導　吳世輝 教諭

新昌陳瑄 教諭　呂良顯 知縣　呂廷越

潘冲 訓導　何宙 州學正　曹宏 州學正

何絅 縣丞　俞柔 推官　俞休 訓導

潘日升 任邵武教諭待士嚴而不苟著四箴使諷詠之士知敦倫理焉以子晟貴乞休歸兄弟怡怡足跡不入城府歷贈太子太保禮部尚書兼學士

董茂醇 訓導　黃祐 訓導　張涓 訓導

章守忠 訓導　何純　陳大昌 推官

陳一賢 訓導　俞振達 教諭　呂雲江

呂光遠 訓導　呂光化 知縣　俞從禮 教諭

呂光渭　呂光升通判　王世相教諭

何裳教授　呂光演訓導

隆慶年　府學孫應龍餘姚人

府學王岷山　李尚賢訓導　朱緝知縣

章湘　劉枏訓導以上俱山陰人　王子聞

山陰郁文言之兄　朱應賡之兄貢元　倪來鵬縣丞

王浤訓導　史鵠

會稽沈弘宗　陸宗儒訓導　陳欽

沈楩

蕭山來三聘　沈杏宋之弟訓導　徐大夏教授

施一言 訓導

餘姚 宋惠　鄒名　錢應乾

葉遴

上虞 沈遵道 訓導　陳里　劉熠

楊繼時 錢塘籍知縣　陳和 教諭　葛焜 同知

諸暨 汪直孫　俞亭 知縣　傅良鯁

俞臣良　張思聖

嵊 鄭大輅　邢德健 州同　王嘉相 知縣

趙漳 州判

新昌 呂伯温 訓導　章國舜 知縣　陳九韶 教諭

呂明哲教授

萬曆年

府學韓陸倫　沈元科俱山陰人　胡正音

孫汝亮俱餘姚人　祝延年訓導　王鎜壽卒

劉煬以上俱山陰人　陳鳴紹興衛人　汪以華

呂式俱餘姚人　陳宗紹興衛人訓導　楊大成會稽人

徐思愛　王詢俱山陰人　錢應量餘姚人

章繼省會稽人

山陰潘思化訓導　宋林知縣　周之德

夏文祖　周允　劉至

史明良

會稽 馮韶　朱政 知縣　陳緝

李爲　汪簦　吳櫝

商爲臣

蕭山 來文英 主簿　來士賓　蔣育賢

蔡應選　丁鳴春 訓導　樓宗周

吳應桂

餘姚 毛懋仁　陳宗信　俞楠

童文　胡謇　王子佐

張應元

上虞徐汝中訓導　張源訓導　陸鯉

陸汝溥訓導　陳泰旦　陳希周

潘清光

諸暨黃璧　李秀實　駱夢周

沈資　方策　楊天盛

陳相

嵊袁仲礽訓導　竺天街縣丞　周梧訓導

袁大恒訓導　周紹祖晟之子訓導　鄭甲訓導

鄭王政

新昌俞時熻教諭　章志良教諭　張思齊知縣

呂光品　俞邦韶訓導　甄應奎訓導

何九功　呂繼儒

紹興府志卷之三十一

紹興府志　卷之三十一　選舉志二歲貢

紹興府志卷之三十二

選舉志三

舉人

士歌鹿鳴而舉於鄉即成周所謂造士者也
明制漸額九十人而吾紹常十餘人或二十人蓋四之一焉可不謂盛乎夫士旣舉於鄉而貢於天子之庭褒然衆庶之表典至重矣其盛若彼其重若此有不自重以副其盛者非夫也

宋神宗熙寧二年

山陰　陸佃　省元

熙寧五年

新昌　石景略　別院省元

徽宗大觀二年

會稽　張宇發　別院省元

政和四年

山陰　傅崧卿　省元

高宗紹興二十六年

諸暨　王厚之

新昌　石畫問　省元

孝宗乾道四年

諸暨　黃闓　別院省元

新昌　呂應舉　廸功郎

乾道七年

新昌　呂渙

淳熙十三年

新昌　呂願之　省元

淳熙十六年

山陰　諸葛安節　別院省元

光宗紹熙三年

新昌　呂順之　省元

理宗淳祐三年

會稽 胡鲁 省元

嵊 史夢協 十三年 費九成

寶祐六年

嵊 季應旂 省試賦魁

景定二年

會稽 章斌 省元

嵊 許槼 第二

度宗咸淳九年

會稽 金盃信 省元

元

仁宗延祐四年

會稽夏亨泰有傳　邵貞

餘姚孫士龍嚞之子常州守　岑良卿

延祐七年

餘姚虞泰廉訪使

英宗至治二年

餘姚岑士貴　楊彝儒學副提舉

泰定三年

會稽邵德潤

嵊卜可壽　費述省元慶元路鄭山書院山長

新昌梁貞有傳

順帝至元中

會稽 朱本然

山陰 王裕 省元有傳

至正元年

會稽 姚文儒 邵仲剛

至正四年

蕭山 樓壽高

諸暨 高昌山

至正七年

會稽 邵德彰 邵子静

蕭山戴子静

至正十年

會稽邵仲英　錢宰一云山陰人

餘姚宋元僖

嵊許汝霖

至正二十二年

嵊王文合　王元皥

新昌章廷瑞

餘姚楊燧年次無考

皇明洪武三年　詔開科以今年八月爲始自此至

景泰四年每科解額多寡不同今自其可考者書之餘闕以俟

山陰　陳思道　喻文龍　柳汝舟

趙旅　楊子文

會稽　趙友能　錢尚絅主簿

蕭山　韓守正

餘姚　岑鵬慈溪籍

上虞　何文信解元　鍾霆　葉砥

王誠　杜思進戶部侍郎　柳宗岳知縣

諸暨　胡澄　趙仁

嵊　董時亮

洪武五年

餘姚　翁希顔御史

上虞　李繼先　俞尚禮　駱文凱

新昌　吴佐

洪武十七年頒行科舉成式凡三年一舉

山陰　王時敏　鍾志道應天中式　魏思敬

會稽　王肅　吴輔　吴祥改名慶

王子真　邵思恭

蕭山　顧觀解元

餘姚沈志遠　潘存性　翁德延

葉原善刑科給事中　項復

聞人恪大理寺卿　鄒泰

上虞李繼先州判　嚴震

諸暨鍾庸主事

嵊王繼生

新昌盛暘教諭　潘岳原名宗岳以廟諱去宗字

董薛　蔡用强應天中式

洪武二十年

山陰劉真有傳

會稽　殷成

蕭山　朱衡教諭

餘姚　朱文會教諭　朱孟常有傳　朱宗顯知縣

上虞　周敬宗主事　陳時舉

諸暨　俞士賢御史謫運司經歷

嵊　王文奎應天中式縣丞

新昌　石叔宜　王觀達

洪武二十三年

山陰　馬文炯知縣　呂升少卿有傳　王景彰教諭

滕善訓導　李欽教諭　周慶祐

駱士廉

蕭山朱仲安按察使陳安郎中左山有傳　遷通判　葉林經魁

上虞顧思禮教授

新昌章衡民名澧以字行授建昌教授早喪父奉母至孝及母亡敬寡嫂如母撫兄三子如已子隣里咸敬愛之衡民早卒子以占甫九月妻俞氏鄭氏皆克守節教成其子中順天鄉試第一

洪武二十六年

會稽王斌

蕭山胡嗣宗　張貞　湯本

餘姚錢古訓　劉季篪

聞人善慶應天中式副使

上虞鍾荆教諭

嵊王惟謹縣丞

洪武二十九年

山陰呂尹旻　劉仕謂　陳性善

璩志道應天中式

會稽邵至善給事中

蕭山姚友直

餘姚馮本清

上虞朱一誠

諸暨陶祐　俞希孟

洪武三十二年

會稽葉坦

蕭山孫完　應琚知府

餘姚倪懷敏僉事　葉暈知州　劉壽遜

潘義　馮吉　陳性善郎中

上虞王友梅　徐皓叔　陳彪

嵊史志道都司斷事

永樂元年

山陰錢常　王彰　司馬符教諭

毛肇宗　周王　王肇慶

會稽徐礿太常寺卿有傳　章敞斌之五世孫　許茂昌

蕭山魏騏希哲子　王觀　俞昞

餘姚陸孟良　柴廣敬　李貴昌

上虞楊敬中　貝瓊訓導　貝秉彝名恒以字行

傅旋

嵊張孟韶

新昌章以善　章士洊

永樂三年

山陰吳中登林環榜進士御史山西參政　丘純　湯雲

王賢　戴昱經歷　高清

會稽趙魁　羅友寧順天中式知縣

蕭山魏驥希哲子吏部尚書有傳　殷旦

魯琛

餘姚徐廷圭　方恢　何晟

李應吉凡四任學職累上書言事多見施行所著有先天圖等書

上虞黃德政教諭　薛常生　鍾悌紀善

嵊沈廙同知

新昌盛霈

永樂六年

山陰　高惟清　王會慶　杜文華

陶菊　侯官縣學教諭，宣德中膺召修中秘書，中途聞母疾，即請致仕。所著有菊庵詩文集。

會稽　張習

蕭山　陳起　訓導　方寔　禮部主事

餘姚　柴璘　教諭　沈彥常　教諭　聞人晟　經魁

上虞　盧伏　謝澤　趙真　知州

趙肅雍　教諭

諸暨　王鈺

嵊　張玫　訓導　李回　史原信　教諭

新昌　梁濩　按察司檢校

永樂九年

山陰秦礿　周安　金鏞

會稽邵廳有傳

蕭山沈寅礿授翰林孔目選監察御史端方清謹朝士咸重之尋謝病歸足跡不入公府

衞恕

餘姚邵公陽知州　劉㞳季篪子應天中式

上虞張驥長史　俞宗潤教諭

永樂十二年

山陰王暹　王佑子誼之　徐信

賀源訓導

會稽　胡智

胡季舟　是科會試下第，詔覆試，拔其尤得二十四人，而季舟與焉。歷任松江訓導、常德教授。見義勇爲，不惜財利，人皆重之

蕭山　戴宿　應天中式，知縣　孫敏

餘姚　柴蘭　鮑玄璵　知縣　華陽熈　教諭

上虞　葛昂　陳熊　范宗淵

張居傑　順天中式　顧琳　應天中式，知州

諸暨　王常　知縣　陳偲　教諭

永樂十五年

山陰　張旻　教諭　朱純　參政，有傳　任佐　教諭

方璵教授　韓陽布政使有傳

蕭山倪溥　曹德　何善應天中式

餘姚夏大有　舒本謙　陳寅性善子知縣

戚熙州學正　駱謙

劉端書季篪子應天中式

上虞朱莊　謝琬郎中　杜侃訓導

袁鷟　張居彥順天中式僉事　俞宗順

葛詡正統中任沅州學訓導厚重寡言學問醞藉拜監察御史陞湖廣按察司僉事有廉幹勤能之譽卒于官

盧伯深　袁能

諸暨　阮浦

新昌　呂廸　珮之子痛父死非其罪終身哀慕力學能文再任教職未老乞休聚子弟教之爲邑人所宗

呂𢦏　董廉教諭　楊宗器

翁玭　歷訓導教諭設教有方性尤篤于睦族弟姪貧乏之者咸爲婚娶人多賢之

永樂十八年

山陰　曹南　葛名　毛寧

會稽　章宗信　陳綱

蕭山　沙安治中　陳廣通判　史佐訓導

徐海僉事

餘姚　邵宏譽　何瑄　孫泓

虞鎬授定遠知縣以治行著聞改知丘縣絜廉愛民百廢修舉卒于官吏民爲立祠焉

華孟學國子學正　李貫章　高文通教諭

朱希亮至善子國子監助教　潘瑄知縣

李浩知縣　諸均輔教諭　徐熊

沈圭

上虞　鍾興訓導　魏佩　陸儔知府

諸暨　胡驩　成規　成矩二人據南志增入

嵊　龔璉文致子　韓俊知縣　唐津伴讀

王仲賓經歷　汪宗顯

新昌陳孝軻敕授錦衣衛經歷以件指揮門達左遷尤溪令

楊信民左僉都御史有傳　甄完

永樂二十一年

山陰虞振教諭　龔全安蘭溪籍有傳　呂公愿國子助教

郭傑教諭

蕭山王政教諭　黄琮教諭

餘姚宋驥教授　許南傑　孫柱通判

邵懷義長史

上虞李宗侃教諭　魏伯潤教授　張嵩知府有傳

壽安

諸暨　俞德昭教諭　駱䴴　翁佐教諭

新昌　梁沂教諭　周綜文祥孫訓導　丁孟達訓導

宣德元年

山陰　陸綸　馮獻提學僉事

會稽　章瑾敞之子

餘姚　毛信教諭

諸暨　俞僩　陳璣

新昌　李思爵訓導

宣德四年

山陰　梁稵

餘姚 楊文珪 通判

上虞 羅瑾 經魁 訓導　陳金

宣德七年

山陰 胡淵

會稽 鄭貞 僉事

蕭山 張輅 經魁 州學正

餘姚 舒曈　夏靖 長史

夏廷器 授山西平定州學正平定僻陋無文學廷器集諸生躬自飭勵之其後科第與大州等平定人祀於學官

徐律 賜舉人 教諭

宣德十年

山陰秦瑛　裘康訓導　趙魯應天中式國子典籍

會稽邵祥廉之子長史

蕭山王瓻太常典簿　屠黼長史

餘姚茅秉教授　余亨教諭

上虞陳禧順天中式荊州府同知蒞政詳慎臨事有膽畧常領兵隨大將征貴州有戰功

正統三年

會稽張鵬禎遜姪訓導

餘姚葉蕃翬之子知縣

上虞趙佐訓導

諸暨 馮譙 知縣有傳

新昌 俞鐸

正統六年

山陰 盛儒 經魁　謝傑 訓導　吳駰 州學正中之侄

沈日祺 訓導

會稽 沈性　錢金 應天中式教授

餘姚 聞人詇　朱縉 希亮子　吳節

潘英　戚瀾 應天經魁　韓岱 應天中式知州

上虞 羅澄

新昌 劉文輝 紀善　呂昌　章以占 順天解元長史

正統九年

山陰張倬知縣有傳　周純　司馬恂國子祭酒有傳

高閏蓋州衛籍郎中　何壁紀善

會稽謝旭訓導　季駿

蕭山汪浩順天中式知縣

餘姚馬庸教諭　胡徵州學正　陳雲鵬

毛吉　陳詠順天經魁本縣籍來寧人

潘叔榮訓導　虞潤鎬之子順天中式知府

上虞趙永教諭　貝煦秉彝孫教授

王震訓導　王鉉　楊庸

葉晃本縣籍順天人

正統十二年

山陰唐彬

會稽章瑄　王勤斌之孫直隸武邑籍順天中式

蕭山韓祺解元　張靖知縣

餘姚鄭文訓導　王佐訓導　楊文琳文珪弟

張才以子琳貴復姓史歷常熟文登淶水教諭並有師範成化戊子主考福建行過浦城有一生僞爲驛卒伺其寢則携數百金長跪獻之才矍然起曰是何爲者生曰某已食廩領批願爲先生壽才曰汝固高等乃爲下等事耶聞諸官且抵罪吾不忍皦皦敗汝名生愧去既撤簾生在第五宴罷生復持前金謝才曰吾不敢冥冥墮行矧白

日恥稍作色生又愧去猶持前金上南宮而琳已爲工科給事中往餽之琳曰家大人知君君不知家大人而又不知我恥生伏地頓首卒懷金去

胡寬　順天經魁　李瓔　應天中式

上虞　薛頎　訓導　鄭勤

諸暨　徐琦　知州有傳

嵊　謝廡　錦衣衛籍

新昌　俞逵　同知

景泰元年

山陰　司馬軫　國子助教　楊德　教諭　卜巽

王昉　教諭　王昇　吳顯　刑部郎中

陳定 初授袁州學訓遷分宜諭教士多成材修袁郡志有體裁歷典各藩鄉試號稱得人三子邦直邦榮邦弼並舉科甲人以爲義方之勸

張傑 訓導　戴讓 教諭　錢仲瓛 訓導

會稽曹謙 知府有傳　婁芳　馬軒 知縣

邵潤　邵能 長史

韓弼 宋忠獻王十二世孫長史

蕭山倪敏 經魁教諭　沈環 教授　傅珎 教諭

楊文 天順七年禮闈焚死賜祭塋贈進士　沃乾 知縣

餘姚俞浩 教諭　陳紀 知縣　陳渤

魏瀚 瑄之子　毛傑　周昂 徽府長史

徐海　汪勉知縣　陳嘉猷贊之子

毛裕順天中式　毛祚順天中式通判

上虞陳鷴長史　趙鍊知州　杜鎡同知

謝鳳知府　謝璉教諭　李景修應天中式知縣

諸暨張肅知縣

嵊張軒初任惠州府同知討平叛蠻居民安堵尋以憂去復除臨江府操守益堅遷兩淮運使致仕所著有巽齋稿

新昌俞欽

景泰四年自此解額九十人遂爲定制

山陰張以弘　徐瓚教諭　高秩

金澤　　王淵應天中式　　賀徽應天中式

會稽胡謐解元　　章以誠知州　　劉英考功郎中

孟頵　　錢輪金之子順天中式知州

餘姚鄭節　　孫輝　　陳雲鶚雲鵬弟

陳雲　　莫愚知府　　孫讚檢討

韓恭　　夏時　　孫信

華誠應天中式同知　　朱敎應天中式僉事　　孫怡順天中式訓導

上虞趙璉教諭

諸暨陳翰英同知

嵊張政通判

新昌 俞適

景泰七年

山陰 錢淳 同知　陳壯 順天中式　戴譓 讓之弟知縣

丘弘 教諭　俞謐 教諭　王緬 知縣

周芳 知縣

會稽 方愷

朱諲 授麻城學訓導歷應應天福建雲南聘主試事有故舊邀於途以私請諲曰幽有鬼神明有國法吾豈敢哉遷國子學錄卒于官

餘姚 李居義 經魁　孫珩 國子博士　楊芸

孫蘭 同知　姜英

上虞吴昶知縣　俞繪教諭崇陽祀名宦所著有闡道録井天集

鍾炫知縣　俞昇知縣

新昌李慶順天中式主事

天順三年

山陰姚恪知縣　汪鎡　駱巽教諭

滕霄應天中式　薛綱　鄭璇訓導

錢謣

會稽韓垣　徐正教諭

餘姚聞人景暉經魁　徐瓚　諸正

華黼孟學之子審理　陳清　柴璇教諭

黃韶　胡恭　舒春順天中式

上虞王進　陳暉應天中式

新昌呂鳳　丁川　徐志文

呂鳴通判

天順六年

山陰袁晟　馬達訓導　徐綬應天中式通判

蕭昱經魁知縣有傳　孫能教諭　司馬垚恂之子郎中

會稽周鑑　章軫　楊昱知縣

朱鑵知縣　魯璵助教所著有澹庵集　鄭仁憲順天中式

蕭山徐洪

餘姚翁遂　黃伯川教諭　楊榮

錢珍　吳智　翁信順天中式

上虞王瀹通判　吳慎紀善　陸淵之留守衛籍

諸暨張伋知縣

新昌王環知縣入名宦

成化元年

山陰魯誠　凌王璣知縣　沈倫

呂詵　陳倫

會稽龔球俛之姪通判　陶性懷之弟　董復

謝顒旭之弟

蕭山　蔡瑛通判

餘姚　石塘經魁　金石　王濟知縣

諸觀　許謹知縣　邵有良

張琳才之子復姓史　潘義

上虞　王簡知州　茅和通判　李鑑知縣

新昌　陳堯州學正

成化四年

山陰　陳哲　孫徽同知　俞玹知縣

俞瑛應天中式　堵昇順天中式

會稽　章忱惟之弟　任謹　董豫復之兄

張闓鵬之姪　韓邦問獬之子湖廣中式

蕭山何舜賓　富玹　沈恭應天中式同知

餘姚陸淵經魁　馮蘭亞魁　王冊

陳雲鳳　諸讓　鄒儒

翁迪　華福　陳倫

邵銓宏譽子州同　陳謨應天經魁　黃謙應天中式

胡贇順天中式　滑浩順天中式

上虞葉壘教授　洪鍾錢塘籍

嵊王暄　張性知縣

新昌何鑑　劉忠器

成化七年

山陰 司馬垔 軫之子　王鑑之　張以蒙 以弘弟知縣

陳轂　彭融 知縣　凌宋

沈振

會稽 陶懌 懷之弟

餘姚 黃珣 解元　盧滋 同知　吳一誠 知州

宋昉 驥子教諭　金鉉　張森 教諭

孫衍 順天中式　陳洵 嘉猷子錢塘籍　黃肅 應天中式

上虞 徐朴　薛蕃 知縣

新昌 呂漣 同知　呂初 應天中式通判

成化十年

山陰虞渙知縣　王臚　王佐

周廷瑞　白瑾　祝玠知縣

會稽鈕清　秦煥

蕭山韓立知縣　孔斌山東中式

餘姚謝遷解元　毛憲傑子　聞人珇韺子

韓明　邵禮知縣　諸諫教諭

徐諫　郝瓛臨山衛人同知　楊憲知州

吳裕順天中式　黃琪順天中式　陳渭順天中式同知

張玉廣西中式推官

上虞劉珩　張傺同知

嵊應尹通判

新昌呂獻經魁　俞振才　俞深

俞振英　梁燁應天中式兵部員外

成化十三年

山陰王宗積　林華知縣　陳邦直定之子同知

金瑞知縣　劉湜經魁知縣　陳邦榮定之子

祁司員福之子

會稽倪宏知縣　朱顯　胡恩智之孫

胡怡恩之弟推官　吳侃

蕭山沈鍾通判　沈淳鍾之姪知縣　黃禹卿教諭

餘姚孫昇解元教諭　范璋　岑恒知縣

胡傑州學正　吳叙　張時澤

李時新　毛科應天中式　陳筐應天中式知府

諸暨馮珏謙之子

嵊史驕知州　楊素知縣　杜傑知州邑志有傳

新昌潘温經魁同知　石輝教諭　何錫同知

張琰

成化十六年

山陰祝瀚　徐鎡同知　丘霦訓導

張景明　林舜臣華之弟教諭　費愚

章熕應天中式同知　諸敞長史　鄭如意知府

傅瓚

會稽謝圭旭之姪經魁知縣　陸寧

蕭山來登　葉清

呂調陽雲南中式經魁知縣

王世禎應天中式州學正

餘姚王華經魁　蔡鍊欽之弟　王恩

魏澄州學正　傅錦英之子　嚴謹教諭

俞潭教諭　高遷

上虞葛瓚通判

諸暨駱瓏章子

鄭欽授澧州知州州多洞苗欽振威綏德民夷交安九載不遷遂乞歸繼母王氏患瘋疾晨昏省視無怠及居喪哀戚尤至年八十六卒所著有思軒集子天鵬正德中舉人嘗知弋陽文行足世其父而書法尤精爲時所珍及歸老手不釋卷客至清談竟日瓶無粒米不問也年八十餘尚能于燈下書蠅頭細字所著有秉燭正謁閩遊唱和北行野操南溟存稿諸集

嵊丁哲　周山知州有傳　陳珂杭州衛籍

新昌呂大川　陳獻知縣

成化十九年

山陰　張景琦以弘子　徐一夔　祁仁

劉濟順天中式

會稽　車份　秦鋭渙之姪　謝會旭之子

閻士充

蕭山　張嵿

餘姚　蔡欽鍊兄經魁　陳雍　傅瑛錦父教諭

許濬南傑子國子助教　王乾仁和籍　汪鋐

華璡　胡洪　邵贇

邵蕃　周仲昕教諭　王楷州學正

胡日章應天中式教諭　潘絡應天中式

上虞 陳汝勉　壽儒

新昌 呂信

成化二十二年

山陰 陳邦偁 定之子　胡儀　沈瀾

俞頫　王經　張玗 都察院司務

周時中 順天中式同知　吳彝

會稽 胡德 謐之子　陶諧 性之子知縣　陶誥 諧之弟知縣

陳鎬 應天中式解元　陳欽 鎬之弟應天中式　韓大章 邦問弟湖廣中式

蕭山 來天球　沙彬 順天中式

餘姚 翁健之 迪之子經魁　毛實 經魁　楊簡 芸之子　王槐

徐守誠　張明遠　汪鐸

楊謩 昌化籍　葉訓 訓導　鄒泰

宋晃

上虞 潘府 經魁　張儼 同知　杜淮 知縣

姚鎧 教諭　賈宗易 知縣　陳大經

韓銑 守判門州陞韶州府同知當道委征連山等砦時賊勢猖獗力不能支遂遇害贈知府錄子入監　尹洪　張錦 順天中式

諸暨 姜元澤 教諭

新昌 張居仁 教諭　呂僑 通判

弘治二年

山陰楊清長史　宋浦知縣　金謐知縣
何詔　沈俅知縣　朱導知縣有傳
吳便　徐鏓鎡之兄同知
會稽楊垠昱之子知府　陳元經魁
蕭山韓憲知縣　胡昉　朱彩推官
餘姚黃瓛經魁　錢鈍教授　邵坤
舒聰知州　金淮　汪集通判
陸相淵之子　鄒軒儒之子　馮清順天中式
上虞葛浩啓之曾孫　孫景雲
嵊夏雷字時震賦性鯁介不詭于俗輯嵊志搜訪山川人物纖悉靡遺任湖廣羅田縣知縣

才優行絜以疾卒于官　韓華訓導

新昌　張居敬教諭　梁寵　胡鉽

潘溥國子助教

弘治五年

山陰　田惟立知州　司馬公輊訓導　吳昊騆之姪教諭

徐晃運同　高臺　朱憲同知

汪獲麟順天中式

會稽　錢暉　胡悊恩之弟知縣　馬敬推官

蕭山　錢玹　朱珙知縣　張實教諭

餘姚　孫燧經魁　韓廉經魁　姜榮

魏朝端同知　吳天祐　諸文實知縣

楊忭教諭　陸唐　聞人才

朱躍　王守仁華之子　楊祐

方璽順天經魁　諸忠順天經魁知縣　楊渠廣西中式知州

上虞張文淵　龔侃通判　陳大紀大經之弟

嵊陳璠珂之兄長史　豐儉通判　聞士充知縣

弘治八年

山陰劉瀚通判　沈欽　徐黼州同

周禎

會稽章彔悦之姪　陶諧詔之弟解元　陶璐性之兄知縣

蕭山徐瓚知縣　孫鳳　沈文滂教諭

陳璠知縣

餘姚黃堂百川子山東中式　李時暢通判　倪宗正

杜欽知縣　黃鑾州學正　徐彬知縣

楊天茂　夏釜知州　胡諒山西中式教諭

上虞任德和經魁　謝忠　徐朴

諸暨陳元昭翰英姪長史

新昌呂廷簡長史

弘治十一年

山陰劉棟子華從孫　張景暘景明弟　高文烱知縣

張鴻 通判　高壇　周礽 禎之弟

朱秩 知縣

會稽 朱晃 璿之子知縣　章槩 忱之姪　錢士宜 輪之子同知

蕭山 戴光 通判　毛公敎 同知

餘姚 胡鐸 解元　孫清 順天中式解元　陸棟 淵之子經魁

徐雲鳳 知縣　夏璣 知縣　黃嘉愛

謝廸 遷之弟　鄒選　汪惇

史鸞 琳之子　牧相　嚴敬 應天中式

張桓 順天中式

上虞 羅應文 知縣　葉信　朱袞

陳大績大經弟　謝顯

諸暨　陳元魁翰英子知縣

嵊　周縩順天中式

新昌　劉芳兩淮運判

弘治十四年

山陰　毛鳳紹興衛籍　龐龍紹興衛籍通判　陶天祐通判

魏杲通判

會稽　董玘復之子　陶諤諧之兄知縣　張應符誾之姪

季木初知碭山歷遷寶慶府判廉州貳守終伊府左長史所至郡縣並潔己愛民碭山寶慶兩祀名宦家居恬淡長厚爲鄉人所推

蕭山田惟祐解元　盛瀧　蔡璧知縣

顧通知縣　孫光長史

餘姚謝丕遷之子順天解元　黃嘉會韶之子知縣　諸冔推官

諸絢諫之子　陳叙知縣　胡軒

胡東臯　陳言直倫之子　張譽州學正

周旋知縣　沈應經　徐天澤順天中式

駱用卿陝西中式　嚴時泰湖廣中式　汪克章湖廣中式

陳璣山東中式

上虞徐子熙經魁　潘鋭御史　王楧訓導

張文雲　陳鰲知縣

嵊 姚仕榮 教諭

新昌 潘浨 僉事

弘治十七年

山陰 蕭鳴鳳 昱之子解元　言震 經魁同知　胡克忠

郁采　周晟　傅南喬

姚譸　胡文靜　姚鵬

會稽 季本 木之弟經魁　陳銘 欽之弟　謝恕 顥之弟通判

蕭山 曹楫 推官　沈治 淳之弟　沈璇 知縣

韓洲 立之子知縣

餘姚 沈德章 經魁　顧蘭 同知　陸選

張𤸫　汪和　陳言正倫之子

陳克宅　徐文元　夏濬知縣

陳守卿　俞良貴通判

上虞潘釪通判

諸暨陳賞元魁子

新昌俞集

正德二年

山陰張直倬之孫解元同知　蔡宗兗　朱節

毛嵩　王師程　王袍

王軾　馬錄河南中式

會稽韓明讓之子　沈蓋珪之姪知州　姚鬲知州

沈弘道炳之子　單敞通判　沈磐廣西中式

蕭山周憲

餘姚陸榦淵之子經魁　張逢吉知縣　史立模

于震少有異禀多讀書尤深于易大抵暢衍考亭之説初授訓導終福安縣令未仕時本貧常授徒以自給既致仕歸亦別無所增人稱其廉所著有東溪類稿

毛紹元憲之孫　徐愛　孫邦彦

陳文筐雍之子　管溥通判　周坤知縣

王時泰　邵德容

上虞顏㷍知府　葛木浩之子　曹軒

嵊 張邦信

正德五年

山陰 李萱 紹興衛籍　沈澧 欽之子　陳禹卿 邦直子同知

錢滔 知縣

會稽 謝元順 澤之孫　謝恩 顯之子順天中式知州

蕭山 黃懿 知縣

餘姚 孫繼先 輝之子應天解元　胡悅 經魁知縣

楊雱 知州　胡愷 悅之弟知縣　王相 通判

韓洪　施德禎　郭蕪 知縣

徐全 順天中式知縣　俞召 應天中式知州　胡昭 順天中式

錢忠

盧元愷河南中式長史

上虞陳直卿　洪澄中書舍人　石淵之知縣

諸克諧訓導

倪鐙歷蘄州興國學正令樂平南城皆有惠政聞母疾遂乞歸養家居三十年足不入城市日以讀書課子爲務庶幾篤行君子云

諸暨陳仲洙知縣

嵊吳公義通判　金鯉臨清籍

正德八年

山陰朱篪導之子　陳廷華推官　張思聰應符之孫

沈馴瀾之子知縣　何鰲詔之子　姚世儒

周大經　毛一言紹興衛籍

會稽羅江雲南中式

蕭山王鏞教諭　徐守洪之子同知　徐官洪之子

黄懌初知安谿終常州府判服官廉慎有惠政安谿祀名宦

餘姚陳煥經魁　施信知縣　張瀾

胡瑞　朱同芳同蔡兄　陳輔同知

胡玠初令壽張有惠政遷工部主事董大工廉慎自持不撓於權貴終楚雄知府平生甘清苦鹽虀麥飯以爲常享所著有醲醋集百拙子集

張心　張時啓　汪克思廣西中式

徐子貞順天中式　陳璧山東中式

上虞　潘周錫工部員外　曹輻軒之弟　陳楠

諸暨　鄭天鵬欽之子知縣　張文教諭

嵊　王木僉事　鄭蒙吉知州

新昌　俞振强經魁

正德十一年

山陰　周祚礽之弟順天經魁　周沐順天中式　朱簠箎之兄

汪應軫鎡之孫　鄭騆一云騮　周文燭

徐俊民

會稽　章浩　秦位順天中式通判　章元紀順天中式

餘姚　張懷解元　龔輝經魁　朱同蓁同芳弟

顧遂蘭之子　毛文炳　張逵璿之子

聞人銓　毛復　俞瀾知縣

徐子龍諫之子　吳廸知縣　趙塤

張嵩福建中式訓導

上虞徐子俊　羅瑞登知州　車純

陸瑲順天中式知縣

嵊杜民表順天中式傑子　王橋

新昌胡汭

正德十四年

山陰周文熿文燭兄經魁　錢一溥通判　吳彦使之子

田麟 王畿經之子 陳徠通判

朱簦刑部郎中 陳璟轂之子應天中式 張雲翰順天中式

會稽司馬相 王楊順天中式

蕭山沈宋鏵之孫

餘姚楊撫經魁 史鶴經魁 陳塏經魁

邵燁 邵煉 楊大章

諸演 魏有本 顧明復

吳成禮知州 孫翥僉事 任重

陳洪範 孫一清 張鏜山東中式

徐元孝全之子順天中式知縣 張宿廣西中式

陳琰璣弟山東中式

上虞徐子忱知州　徐子宜通判　劉鶴

新昌俞朝妥

嘉靖元年

山陰周禪祚之弟順天解元　潘壯　張天衢漢陽府同知

包珊錦衣衛籍順天中式　張元冲景琦子

會稽陶師文應天中式終同知初令宜都鉛山並祀名宦　董瓏玘之弟

章季順天中式

蕭山王艮相順天中式

餘姚韓柱廉之子經魁　徐珊雲鳳子　王喬齡

蔣明

吳御 敘之子　邵艮金　錢寬 字德弘以字行

夏璉 知縣　王正思　諸陽 讓之孫

陳熺 筐之子應天中式知州　朱思孟 順天中式

黃思齊 琪之子順天中式

上虞 陳洙　陳紹

嘉靖四年

山陰 錢楩 解元　茅宰　胡方義 同知

張洽　金椿　陳修

陳彷

陳藥 終吉府長史輔導二十餘年王甚賢之居鄉長厚有古風卒年九十

會稽章大綱同知　謝徵順天中式知縣　陳鳳應天中式

蕭山來汝賢經魁　來應山天球子知縣

餘姚宋惟元　邵元吉　鄭寅

胡與之　徐存義　姜聯錦

俞大本　黃良材　王綸

管見　吳仁　吳惺

孫陞燧之子　吳必孝　胡膏

孫應奎　吳璋雲南中式

上虞胡景華知縣　嚴時中通判　尹貫太僕寺丞

嘉靖七年

山陰徐轂知縣　徐綍　王元春

金志謐之子　魏夢賢　徐緝

周宗文　虞价同知　沈夢鯉芳之子

會稽謝紘會之孫　謝廷試復姓商

蕭山孫宗嚚知縣　黃九臯懌之子　黃德賢知縣

餘姚周如底經魁　俞介經魁　許來學經魁

錢應揚　徐建　石繼興

夏淳　李本　吳至

邵基　許安　鄭邦仰

徐一鳴　胡希周　陸芹

黃齊賢　毛夢龍　胡崇德

徐九皋　童吉應天中式　葉洪順天中式

上虞賈大亨　謝瑜　姚翔鳳

諸暨翁溥　王珽知縣

嘉靖十年

山陰周浩礽之子　蔣懷德　沈學

駱居敬應天中式終推官爲人端厚里中稱長者卒年九十餘

高簪同知　朱公節知州有傳

會稽沈錬紹興衛籍　章美中以誠曾孫　謝廷訓順天中式知縣

蕭山戴維師光之子

餘姚吳轅仁和籍經魁　夏惟寧經魁　于廷寅震之子經魁

周大有　谷鍾秀　徐方

管州終司務　初從新建學志向不群衰暮家貧遂喪其生平反滋道學之譏云

顧廉　楊世芳　宋大勺

丁克卿初授知州終永寧府同知爲人勤學好修居官廉事親孝喪妻不再娶鄉里稱之所著有周禮集要

邵炤　徐恒錫　韓岳

錢大經　陳紹先　胡汝存

上虞葉經　陳如愚長史　潘璋順天中式知縣

諸暨駱驥鳳岐之子

新昌 呂光洵

嘉靖十三年

山陰 王治 通判　張轀　劉集 推官

諸大綱　諸祖 知縣　陳鵠 紹興衛籍

會稽 商璉 廷試兄推官　鈕緯 清之孫　章秉中 美中弟知州

蕭山 來日升 知州　翁五倫 文之孫

餘姚 孫汝賢 經魁　張元　葉選

盧璘　韓應龍　陸美中

王秉敬 贛縣知縣爲人古行古心絶不知有世俗態解官歸廬舍蕭然日以讀書爲樂孜孜忘老人莫之知亦不求人知也　邵時敏

鄒珩　諸燮　翁大立

鄒絅應天中式　鄭烱　羅恩湖廣中式

邵德久初授六安知州終邵武知府在郡邑有惠政兩祀名宦爲人寬厚平坦以子陛貴累封右僉都御史卒年八十五

上虞陳佐知縣　徐惟賢

諸暨駱騰霄應天中式知縣

嵊胡采知縣

新昌俞則全　俞桒順天中式推官

嘉靖十六年

山陰劉櫝經魁楝之從弟　王國禎　沈大本知縣

李誥　虞俊治中　張牧河南中式

會稽章煥　徐綱應天中式　沈橋順天中式

王楠楊之兄順天中式

蕭山韓逅洲之子知縣　黃世顯知州

餘姚徐懷愛　聞人德行　諸敬之

胡安軒之子　宋大武大勺兄　岑恕

嚴中　胡正蒙　陳采

韓皐岳之弟　蔣坎　周仕佐

王守文華之子順天中式通判　孫坊順天中式

陳堯輔之子順天中式　張建順天中式

上虞范晉卿長史　陳絳　謝讜

嵊周震質行醇謹有志問學初知宿松終衡州府判當官廉慎家居無異常布嘗佃寶性寺爲宅既而悔之從其子夢秀之請卒復爲寺鄉人義之

王烱　邵惟中雲南中式　王朴

新昌俞時猷

嘉靖十九年

山陰祁清司員之孫　俞咨益　趙理

胡方來順天中式同知

會稽周炎鑑之曾孫知縣　陶大年　馬晉同知

蕭山張燭　楊應元陝西中式　來端本順天中式

餘姚陳陛煥之子經魁　諸應爵絅之子　魏有孚

童夢蘭　何一清　金蕃

楊元吉　張逵　宋岳晃之孫

王嵩喬齡弟　黄釜順天經魁　孫佳坊之兄

周如斗順天中式　汪世安克章子順天中式　陳墀煥之子應天中式

上虞葛桷　陳講知縣　謝盥

劉本順天中式通判　丁時順天中式知州

嵊喻襞

新昌潘晟

嘉靖二十二年

山陰諸大綬　俞意　周校知州

張天復天衢弟　宋楷推官　徐甫宰順天中式有傳

周景會順天中式知縣　朱安道順天中式　張檄山東中式

會稽沈束薹之子解元　陶承學試之孫　陶大有師文之子

張梧提舉

蕭山孫學古　王仲山

餘姚諸暲　毛子翼知縣　邵稷

姜子羔杭州籍　陳南金　盧大經

胡翼　韓衎　毛永良

康清　趙錦塤之子　孫鑨陞之子順天中式

孫鎡舜之子　邵漳

上虞陳信　徐學詩

嵊裘仕濂應天中式　杜德孚民表次子教諭　王念祖貴州中式知縣

嘉靖二十五年

山陰高鶴解元　李應元　吳俊

閆秀終通判家居孝友簡樸人無間言　羅椿

孫大學

會稽朱奎　胡朝臣直儒裔孫　胡儒季冊曾孫

陳舜仁通判

蕭山張誼　黃世科世顯之弟　韓惟論

餘姚 胡造 范國輔 楊誠

姚正 張辰 楊九韶

楊山 蘇民牧同知 陳成甫

翁時器 鄒炫

上虞 楊旦 夏宗虞知縣 鄭舜臣

嵊 邢舜祥應天中式 王煉貴州中式

新昌 俞時及

嘉靖二十八年

山陰 王元敬元春弟 繆思華通判 高克謙

會稽 陶幼學承學弟 范檟 陶大臨諧之孫

范性知縣　錢匡之知縣　謝宗明

胡崇魯諡魯孫　錢呈之匡之兄知縣

餘姚邵畯經魁　邵型經魁　陸夢熊

顧文　黃尚質　胡升

陸一鵬　胡孝仁和籍　徐紹慶

孫汝賓　吳敬夫　孫如淮

周大宇　孫鋌陛之子順天解元　周思齊順天中式

張孔修

上虞張承賚　陳縉　金柱

羅康順天中式知縣

嘉靖三十一年

山陰錢文昇大理寺司務　趙圭　沈寅大本姪順天中式

張鰲化紹興衛籍

會稽馬蘊晉之子　司馬礿相之子　余倫知縣

龔芝球之孫順天中式

餘姚諸大圭解元　倪章　項廸

毛惇元　邵遠知縣　楊崑

唐景禹　黄驊應天中式同知　陳有年克宅子順天中式

顧逵順天中式　楊乾知順天中式　李元泰雲南中式

上虞潘清亶　陳王政推官　潘良貴順天中式

諸暨壽成學應天中式都司經歷

嘉靖三十四年

山陰錢捧盈同知　蔡天中宗兗子改名成中　祝繼志

王爕　郁言　趙夢鳳應天中式

呂鳴珂順天中式

會稽史櫝　章如鉉　葉應春紹興衛籍順天中式

葉應暘應春弟順天中式

蕭山李存中教諭　何世學

餘姚姜天衢知縣　韓鏊　葉迮

孫大霖　史嗣元　任春元

謝用模文正公之曾孫生有異禀過目輒成誦出語驚人鄉薦時財十四耳然輕佻尋卒于途　周光祖　胡權改名時化

楊世華　馮天衢　胡郁應天中式

沈祖學順天中式　張翊元順天中式

上虞謝師成鳴治子

諸暨駱問禮

嘉靖三十七年

山陰朱南雍　祝教　張元忭天復子

沈校知縣　俞子良順天中式知縣有傳　吳兌梗之孫順天中式

會稽陶大順大臨兄經魁　余相　[illegible]　秦文捷知縣

蕭山來經濟天球孫　黃世厚九皐子應天中式知縣

餘姚孫汝賓經魁　張岳經魁　錢應鄒

邵堪知縣　夏道南　徐廷蘭知縣

陳三省雍之曾孫知縣　胡希洛　孫錡知州

張紳　葉逢春選之子　胡維新安之子

顧爕　姜天麒　陳覲煥之子順天中式

孫鈞陛之子順天中式改名錝

上虞朱朋求衮之子　謝師嚴師戚之弟

嘉靖四十年

山陰周明衛通判　宋景星　朱賡公節子

陸夢斗 通判　胡邦奇　宋良木 知縣

張一坤 元沖子　徐思明 甫宰子 順天中式

會稽 陶允淳 大順子　章如鉦　沈大綬 順天中式

錢守愚 紹興衛籍應天中式知縣

餘姚 張對 岳之弟　周思充 如斗之子　錢立誠

管府　徐執策　胡旦 東皋子

諸察　蔣勸能

上虞 陳王庭 知州　徐寅　鍾穀

嵊 王培 貴州中式　喻思化 應天中式

新昌 呂若愚 順天中式

嘉靖四十三年

山陰朱梯推官　徐應箕禮部司務　朱南英南雍弟

何繼高詔之孫順天中式　趙完順天中式知州　張博洽之子順天中式

會稽陳大綬紹興衛籍鶚之子經魁　陳時　陶允光大年子經魁

羅萬化　商爲士璉之子　章禮順天解元

蕭山王景星　蔡萬里　來必上河南中式經魁

餘姚史鈳　史銓　史自上

沈應文　盧中　任德正

張堯年　姜子貞子羔弟　陸詔

黃兆隆　顧奕　顧褒

鄒垾　嚴應元

上虞徐希明知州　鄭一麟舜臣子　陳金應天中式

諸暨蔣桐順天中式

新昌俞應星知縣

隆慶元年

山陰傅國才三江所籍推官　劉國彥　孫良學知縣

王泮順天中式　胡尚禮順天中式知州　劉烶棟之姪順天中式知州

王照順天中式知縣　祁汝東清之子應天中式同知　黄猷吉山東中式

楊萬春杭州籍知縣　茹霆順天中式

會稽車應祥份之孫

蕭山張試詛之弟　黃世雍

餘姚管稷　楊文元　邵陛德久之子

潘曰仁　邵桯　鄒學柱

陸部　邵一本　周思宸

孫如滙　諸大木大圭之弟　張道明順天中式

趙邦佐

上虞徐震　徐啓東知縣　顧充

劉士彦

諸暨周繼夏順天中式

隆慶四年

山陰陳大賢　黃齊賢　趙堂順天中式司務

周應中順天中式　趙楫順天中式　諸葛一鳴華

會稽陶允宜大臨子經魁　商爲正廷試子　馬捷

朱大經　嚴允立　沈弘宗順天中式知縣

蕭山來三聘應天中式

餘姚李縏　諸大倫大圭兄　李乾養

胡邦彥　蔣京　史元熙

陳希伊南金子卒于場屋　丁世儁改名懋建　施俸

俞嘉言　陳縉　宋可乂岳之子順天中式知州

宋惠知縣

上虞 陳民性　倪涷

嵊 董子行 紹興衛籍家會稽

萬曆元年

山陰 馮應鳳　姚炅　諸葛礽

趙璧　陳燫　祝彥

張元慶 天衢子順天中式知州　朱應 公節子順天中式　張弘吉 應天中式

郁文 言之兄順天中式

會稽 范可奇　錢世賢　司馬祉 相之子山西中式

司馬晰 礽之子山西解元

蕭山 來士賢　任宗湯

餘姚 邵夢弼　史重淵　胡時麟

鄭道　邵埨　葉遵

管應鳳　錢應樂　張敬祈懷之孫

周思文　黄化龍　鄭昌國

上虞 周炳　嚴學曾　陳繼疇

顔洪範　李雲龍順天中式

嵊 周汝登謨之子　王應昌　張希秩改名向辰

萬曆四年

山陰 徐桓　魯錦　趙夢日

馮景隆　朱坤　司馬曍山西中式

錢正志文昇子　張汝翼

會稽吴達道　陶允明　章延冑

葉雲礽應晹子紹興衛籍

蕭山戴尚志　楊道南

餘姚孫如游堺之孫　張雲鶴　毛秉光

毛鳳鳴　徐震　盧元復

朱士貴通判　孫如法鑨之子順天中式　韓子祁璊之子順天中式

上虞陸鯉順天中式

諸暨陳性學

嵊周光復

新昌俞應肅　陳學明杭州籍

萬曆七年

山陰王應吉鑛之子順天中式　章守誠

會稽錢櫝　胡琳崇魯子

馬文奎改名文圻　章守誼　錢守魯守愚之弟應天中式

徐大化羽林衛籍順天中式　鈕應魁順天中式

蕭山來士賓應天中式　湯有光應天中式

餘姚蔡蒙　史記勲銓之子　張集義岳之子

姚文德　聞金和　陳鏷

應世科台州人

上虞 石有聲　陳繼志

嵊 王大棟

萬曆十年

山陰 劉佳 綎之子　柳宗栻 文之孫　胡大臣

陳堯言　金鏊　陳鶴

周允 順天中式

會稽 陶志高 大有孫　沈良臣　章允升

章爲漢

蕭山 王明宰　張應桂　單有學

餘姚 姜鏡 子羔子解元　陳治則 三省子　史秉直

吳道光　葉重光　顧陟應天中式

呂胤昌本之孫順天中式　沈裕湖州武康籍

上虞徐鄰

萬曆十三年

山陰施栻　劉教　陳國紀

朱燮元箎之曾孫　尹三聘　周洪訓

王邦彥鑑之曾孫順天經魁　周祖遷順天中式

王建中大學子應天中式　徐良輔順天中式

傅良弼順天中式　陳美

會稽陶與齡承學子應天中式　陶望齡承學子經魁

蕭山 來遇龍 來行志

餘姚 孫繼有 丁履泰 陳謨

陳台本三省子 徐應登 諸元道

孫應龍 朱應龍 楊宏科

陳所志 張釜 陳志科

孫鉝順天中式 周昌憲順天中式

嵊 李春榮

新昌 俞相廷 呂繼楩